GRIECHENLAND

Kulinarische Streifzüge

Werner O. Feißt
Annette Wackershauser

GRIECHENLAND

Kulinarische Streifzüge

Mit 60 Rezepten,
exklusiv fotografiert
für dieses Buch
von
Hans Joachim Döbbelin

SIGLOCH
EDITION

GRIECHEN-
LAND
Makedonien
Thrakien
Chalkidiki
Thessalien
Pindos
Böotien
Attika
Peloponnes
Kykladen
Ägäisches Meer
Ionische Inseln
Kreta
Olympia
Pelion
Messinia
Taygetos
Lakonien
Eubōa
ATHEN
Piräus
Thessaloniki
Skopje
Plovdiv
Tirane
Kjustendil
Pazardzik
Dimitrovgrad
Haskova
Velingrad
Prizren
Kumanovo
Kukes
Tetova
Veles
Stip
Goce Delcev
Sandanski
Smoljan
Kardzali
Peric
Strumica
Kičevo
Prilep
Ohrid
Bitola
Drama
Xanthi
Komotini
Serrai
Kavala
Alexandroupolis
Kilkis
Florina
Veroia
Kozani
Katerini
Mönchs-
republik
Athos
Sithonia
Kassandra
Thasos
Samothraki
Gödçeada
Limnos
Bozcaada
Eustratios
Larisa
Ioannina
Kerkyra
(Korfu)
Igoumenitsa
Trikala
Karditsa
Volos
Argalaste
Alonnisos
Halmyros
Skiathos
Skopelos
Skyros
Lesbos
Psara
Chios
Arta
Paxoi
Preveza
Lamia
Karpension
Agrinion
Amfissa
Levadeia
Chalkis
Lepoura
Lefkas
Mesolongion
Naupaktos
Thivai
Kefallinia
Ithaki
Golf von Patras
Golf von Korinth
Patras
Magara
Salamis
Korinth
Aigina
Sunion
Andros
Tinos
Mykonos
Kea
Syros
Kythnos
Serifos
Sifnos
Paros
Naxos
Ios
Sikinos
Milos
Thira/
Santorin
Zakynthos
Pyrgos
Tripolis
Methana
Portochelion
Spetsai
Hydra
Sparta
Kalamata
Methoni
Monemvasia
Jerolimin
Kythira
Antikythira
Chania
Iraklion
Rethymnon
Moirai
Schafe - Ziegen
Zuckerrüben
Getreide
Obst
Reis
Gemüse
Oliven
Citrusfrüchte
Wein
0 40 km
© MOHRBACH
Kreative Kartographie

INHALT

Küche, Land und Leute

Obst und Gemüse besitzen einen hohen Stellenwert in der griechischen Küche. So findet man auf den Speisekarten viele eigenständige Gerichte ohne Fleisch.

Zur Abbildung auf Seite 2: Strahlend weiß wie hier auf Santorin leuchten die Häuser auf den griechischen Inseln. Das Weiß wird meist auf Ostern hin erneuert. Man streicht Kalkmilch auf, auch auf Stufen und Bordsteine.

Liebe Leserinnen, liebe Leser,
in den griechischen Restaurants hierzulande geht man gewisse Kompromisse ein. Die bestehen darin, daß bestimmte Speisen, die unserer Zunge entgegenkommen, bevorzugt angeboten werden, andere überhaupt nicht. Wer wahrhaft griechische Eßkultur erleben will, muß sich in ein griechisches Haus einladen lassen. Leider ist das nicht so einfach. Dann gibt es noch eine Möglichkeit. Gehen Sie als Tourist in Griechenland dorthin zum Essen, wo die Griechen essen. Lassen Sie sich in die Küche führen oder schauen Sie, was in der Theke angeboten wird. Zeigen Sie mit dem Finger darauf und sagen Sie „Afto!“, dieses. Probieren Sie um Himmelswillen, lassen Sie sich auf die Entdeckung einer unbekannten Küche ein. Oder kommen Sie mit uns. Lassen Sie uns durch Griechenland reisen. Lassen Sie uns einen Blick tun auf das, was für die griechische Küche typisch ist. Und kochen Sie es nach. Wir wünschen viel Spaß dabei – und guten Appetit!

Annette Wackershauser
Werner O. Feißt

Abenteuer Griechische Küche

Meine erste Begegnung mit der griechischen Küche fand statt am 30. März 1980 in einer Ouzerie in Thessaloníki. Warum ich das so genau weiß? An diesem Tag kam ich zum ersten Mal nach Griechenland, fiel sozusagen vom Himmel. Frankfurt, zwei Stunden Flug, Flughafen Thessaloníki/ Griechenland, Taxi, ein unfreundliches Hotel, ein Spaziergang am Abend, am Meer entlang zum Weißen Turm. Mein Freund Paul, Professor und Griechenlandkenner, erklärt mir all das Neue und Fremde. Darüber wird es Nacht und wir haben Hunger. Paul kennt ein kleines Lokal in einer Nebenstraße, eben die besagte Ouzerie. „Was ist das, eine Ouzerie?" frage ich Paul. „Ein Gasthaus, wo man Ouzo trinkt." „Nur Ouzo?" „Natürlich nicht", beruhigt mich Paul, „zum Ouzo gehört immer etwas zum Essen dazu. Das nennt man *mese*. Da steckt das Wort *me* drin, das heißt mit. Also *mese*, Mehrzahl *mesedes*, das gibt es in der Ouzerie." So gescheit redet Paul mit mir! Dennoch muß ich von vorne anfangen: Was dem Franzosen sein Pernod oder sein Ricard, dem Korsen sein Pastis, das ist dem Griechen sein Ouzo, ein Anisschnaps.

Wenn ich heute in Griechenland ankomme, dann ist mein erster Gang im Hotel der Gang in die Bar. Und ich bestelle mir einen Ouzo. „*Me pago?*" fragt der Barmann. „*Nä*", sage ich, was „Ja" heißt, und „*parakaló*" sage ich noch, das heißt bitte. Womit Sie, liebe Leser, schon zwei Drittel der wichtigsten griechischen Wörter kennen. *Ochi* noch, das heißt Nein, und dann sind sie beieinander: Ja und Nein und bitte, damit kommt man schon ein ganzes Stück weit.

Und dann bekomme ich meinen Ouzo, so wie ich ihn bestellt habe: mit Eis – oder, vornehm ausgedrückt, *on the rocks*. Aber etwas zum Knabbern ist auf alle Fälle dabei: Niemals gibt es einen Ouzo ohne etwas zum Essen. Und wären es nur ein paar Oliven oder ein paar Erdnüsse.

Das hat Griechenland mit Spanien gemeinsam. Man trinkt nicht, ohne etwas dazu zu essen. In Spanien sind es die Tapas, die unumgänglich zum Jerez gehören, in Griechenland sind es die Mesedes, die man zum Ouzo ißt. Das ist kein Zufall, denn Spanien war einmal ein Teil von Ostrom, das ist lange her, aber Sitten und Bräuche halten sich. Mesedes können zum Beispiel

Dieser Bauer aus Aráchova bei Delphi trägt an Festtagen die traditionelle Tracht. Platzpatronen stecken in seinem Gürtel. Schießen bei einem Fest ist für Griechen ein Ausdruck der Festfreude.

Das Parthenon, der Tempel der jungfräulichen Athena auf der Akropolis, gehört sicher zu den am meisten besuchten Attraktionen Griechenlands.
Das Geheimnis seiner Schönheit sind geringe Abweichungen von der strengen Geometrie.

Scampi sein, fritierte Tintenfische oder ein Bauernsalat oder auch gefüllte Weinblätter.
Das alles habe ich noch nicht gewußt, als ich mit Paul in jene Ouzerie kam. Es gab in Wein gekochten Oktopus und Tzatzíki und kleine Fische in Öl, warm. Paul hat bestellt, ich habe kein Wort verstanden, habe mich überraschen lassen. Angenehm. Wein haben wir danach noch bestellt. Natürlich Retsína. Viel Retsína, und immer etwas zum Essen dazu. Auch zum Retsína!
Wie überall am Mittelmeer wird in Griechenland Alkohol nur zum Essen getrunken. Das gemütliche Sitzen und Trinken, das Trinken in fröhlicher Gesellschaft, das gibt es nicht, und ein Mann muß wissen, wann er genug getrunken hat. Bei all meinen vielen Reisen in Griechenland habe ich nie einen Betrunkenen gesehen, nie einen betrunkenen Griechen, besoffene Touristen, das ja!
Paul hatte mir viel zu erklären vom unbekannten Griechenland. Der Retsína hat mir geschmeckt, wie alles, was der freundliche Kellner an jenem Abend brachte. Dies war der Anfang meines Abenteuers „Griechische Küche". Und einer großen Liebe. Der Liebe zu Griechenland.

Von Griechen und Römern

Irgendwer hat irgendwann behauptet, es gäbe gar keine griechische Küche. Dies alles sei eigentlich türkische Küche. So wie der griechische Kaffee, der aus den kleinen Mokkatäßchen, nichts anderes sei als türkischer Kaffee. Beim Kaffee mag es ja stimmen. Immerhin, Kaffee wird so lange ja noch nicht getrunken, auch nicht bei den Türken. Und unbestreitbar ist er eine arabische Erfindung. Lassen wir den Kaffee. Wie ist es mit der Küche? Das verlangt einen Blick in die Geschichte. Und dieser Blick ist ganz wichtig, um die Griechen zu verstehen.
Die große Zeit der Griechen, die ja abendländische Kultur sozusagen erfunden haben mit ihren Dichtern und Philosophen, Bildhauern und Baumeistern, die endete im 2. Jahrhundert vor Christus, als Griechenland von den Römern erobert wurde. Dann war Hellas ein Teil jenes Weltreiches, das das gesamte Mittelmeer und die anliegenden Mittelmeerländer umfaßte. Dieses Römische Reich aber war durchdrungen von griechischer Kultur. Die Römer, sie waren Soldaten und Verwaltungsleute, Kultur aber – das hatten die

Heinrich Schliemann hielt diese bei seinen Ausgrabungen in Mykene entdeckte Goldmaske für die des sagenumwobenen Königs Agamemnon. Heute weiß man, daß sie bereits aus der frühmykenischen Zeit (um 1580 v. Chr.) stammt. Man kann die Maske im Nationalmuseum in Athen bewundern.

Griechen. Und Eltern, die für ihre Kinder eine gute Ausbildung wollten, gaben ihnen griechische Lehrer oder schickten sie wenigstens zum Studium nach Griechenland.

Griechenland, Hellas, gab der Kultur des Römischen Reiches den Namen: Hellenismus. Hellenistisch war die Baukunst. Hellenistisch waren Bildhauerei und Malerei. Hellenistisch war die Musik. Hellenistisch war die Philosophie. Und Griechisch war die Sprache der Gebildeten, so wie es Französisch im Europa des 18. und 19. Jahrhunderts war. Und natürlich hat man auch so gegessen. Von den Säulen des Herkules, von Gibraltar bis an den Bosporus hat man nach hellenistischer Lebensart gelebt.

Dann wurde die Hauptstadt verlegt, von Rom nach Konstantinopel. Dann wurde das Reich geteilt. Dann ging der westliche Teil unter in der Völkerwanderung, während Ostrom, Konstantinopel also, mit Griechenland und Kleinasien und Palästina und Ägypten, als Staat weiter bestand. Und dann begann im Westen wieder der Aufschwung: Karl der Große und die deutschen Kaiser. Aber die Größe Roms lebte in Ostrom, in Byzanz, weiter. Tausend Jahre bestand das Reich von Byzanz. Dann kam auch hier das Ende. Aus den Ebenen Asiens ritten die Türken nach Westen, eroberten Kleinasien und nacheinander die Länder am Mittelmeer. 1453 schließlich fiel die Stadt der Städte, Konstantinopel, in ihre Gewalt. Die Griechen haben es bis heute nicht verwunden. Sie kamen für 400 Jahre unter türkische Herrschaft.

Und jetzt stellt sich die Frage, wer hat wem die Kultur gegeben? Es leuchtet doch ein, daß das Reitervolk aus dem Osten wie ein Schwamm die Kultur der Griechen aufsaugte. Auch die Kultur des Essens. Mag sein, daß manches sich in Kleinasien mehr und reiner erhalten hat als auf dem griechischen Festland, aber man darf nicht vergessen, daß griechische Kolonisten die kleinasiatische Mittelmeerküste schon tausend Jahre vor Christus besiedelt hatten und daß Städte wie Konstantinopel und Smyrna, das heute Izmir heißt, und Ephesos griechisch waren bis 1923, bis die Türken die Griechen zu Hunderttausenden aus Kleinasien vertrieben. Dafür vertrieben die Griechen die Türken, und das alles gemäß eines internationalen Vertrags. Ein dunkles Kapitel der

Ein Kaffee und ein Glas Wasser, mehr ist nicht nötig, um einen halben Tag im Kafeníon zu verbringen. Hier treffen sich die Männer, man diskutiert, hört zu, tauscht Neuigkeiten aus.

Geschichte, in Deutschland so gut wie unbekannt.
Ach ja, eines habe ich vergessen. Seit den zwanziger Jahren des 19. Jahrhunderts haben die Griechen ihre Unabhängigkeit erkämpft gegen die türkische Besatzungsherrschaft, hatten zunächst einen bayerischen Prinzen als König und dann einen dänischen. Ganz allmählich wurde Griechenland wieder griechisch. Thessaloníki und Nordgriechenland kamen erst in unserem Jahrhundert dazu. Das alles muß man bedenken, wenn man Griechenland und die Griechen verstehen will. Und ihren Stolz, Kinder einer dreitausendjährigen Kultur zu sein, Griechen zu sein und Römer zu sein, die Überlebenden jenes gewaltigen Reiches, dem Augustus den Frieden gab. Gebildete Griechen, und die meisten Griechen sind gebildet, sagen: „*Romaios ime*", ich bin Römer, heute noch, voller Stolz.
Aber wir kamen vom Essen. Und da muß man noch etwas sehen. Es waren nicht nur die Türken, die Griechenland besetzt haben, beteiligt waren auch Venedig und Genua, die großen Seefahrtsmächte des Mittelalters und der beginnenden Neuzeit. Und so ist in der griechischen Küche eben nicht nur Römisches und Hellenistisches, sondern auch Italienisches, Venezianisches und Genuesisches vereint. Ach ja, fast hätte ich es vergessen. Arabisches findet sich auch noch, vor

In der großen Markthalle, der Athinás, in Athen findet sich ein reiches Angebot an Fleisch, Fisch, Obst und Gemüse. Stets herrscht hier großer Andrang.

allem auf Kreta, das von den Arabern zeitweilig besetzt war, und dann das Jüdische: Als 1492 mit Granada das letzte arabische Staatsgebilde in Spanien gefallen war, war es auch zu Ende mit der Toleranz gegen Muslime und Juden. Während die Mauren nach Nordafrika flohen, gingen die Juden, die Sephardim, die sich schon vor Christi Geburt auf der Iberischen Halbinsel niedergelassen hatten und deswegen nach ihrer Meinung nicht schuld waren am Tod des christlichen Gottes, auch ins östliche Mittelmeer. Eine ihrer wichtigsten Niederlassungen war Thessaloníki, wo Ladino, die Sprache der Sephardim, bis in unser Jahrhundert Umgangsprache war, neben Türkisch und Griechisch am weitesten verbreitet. Das Erbe ihrer Küche ist deutlich auf den griechischen Speisekarten.

Wer wagt, gewinnt Genuß

In manchen ihrer Erscheinungsformen mag die griechische Küche für den Mann aus dem Westen zumindest ungewohnt sein. Schlimm ist sie nur dort, wo sie versucht, die sogenannte „Internationale Küche“ zu imitieren. Aber die Rumpsteak- und Pommes-frites-Kultur ist nicht nur in Griechenland eine Katastrophe. Doch Griechenland hat noch eine zweite Katastrophe, eine spezifisch griechische. Sie findet statt, wo um der Touristen willen die eigene Küche pervertiert wird.

Bei den Griechen steht unter ihren nationalen Tugenden die Gastfreundschaft an einer der obersten Stellen. So kommt es, daß griechische Restaurants in den Zentren des Tourismus sich darum bemühen, dem deutschen oder wenigstens dem internationalen Geschmack entgegenzukommen.
Die echte griechische Küche, Sie werden es an den Rezepten bemerken, unterscheidet sich sehr von der deutschen Küche. Und wenn Sie ein griechisches Restaurant betreten, dürfen Sie nicht damit rechnen, irgendeine Speise bestellen zu können, die Sie kennen, auch nicht scheinbar so einfache Dinge wie ein paar Wienerle, gekochtes Rindfleisch, Schweinebraten, Wiener Schnitzel, Sauerkraut, Kartoffelbrei oder Kartoffelsalat. Natürlich gibt es in Griechenland Restaurants, in denen solches angeboten wird. Aber denen sollten Sie aus dem Weg gehen. Es schmeckt sowieso nicht wie daheim. Man reist ja nicht in ein fremdes Land, um dort die eigenen Lebensgewohnheiten möglichst kompromißlos fortzuführen. Neugierde auf die Lebensart der anderen gehört einfach dazu. Auch die Neugierde auf die fremde Küche.

Nun ist die griechische Küche den meisten Deutschen nicht unbekannt. Fast überall gibt es bei uns griechische Restaurants. Aber viele dieser griechischen Küchen in Deutschland gehen Kompromisse mit dem deutschen Geschmack ein. Zudem gehört es zur Vorstellungswelt vieler Landsleute, daß man „beim Griechen" billig ißt, also Geld spart. Auch das hat Konsequenzen für die jeweilige Speisekarte. Kurz, das griechische Restaurant in Deutschland hat zwar viele Griechenlandreisende auf die griechische Küche vorbereitet, aber eben nur mit gewissen Abstrichen – und Vorurteilen.
Dort, wo man noch in die Küche gehen darf und in die Töpfe schauen, wo man keine Speisekarte braucht, weil man nach dem Augenschein aussucht, was man essen will, dort ist die griechische Küche einfach gut. Daher müssen Sie in Griechenland einfach den Einheimischen folgen und probieren.

Vom Leben in Griechenland
Griechenland, Sie wissen es, ist ein südliches Land. Das hat auch Konsequenzen für die Lebensgewohnheiten der Griechen. Sie fangen im Sommer um 7 Uhr, im

Ein Tintenfisch, wie Wäsche zum Trocknen an die Leine gehängt. Oktopus ist eine beliebte Spezialität, als Hauptgericht oder für schmackhafte Vorspeisen, getrocknet eignet er sich gut für die Vorratshaltung.

Nächste Doppelseite: Olivenbäume prägen die Landschaft Griechenlands. Das aus den Oliven gewonnene Speiseöl ist überaus gesund und wird fast für jede Speise verwendet. Im Frühjahr, ab März bis in den Juni, leuchten in den Olivenhainen farbenprächtige Blütenteppiche.

Es gibt eine Reihe von Vereinigungen in Griechenland, die sich der Pflege der alten Volkstänze, der traditionellen Volksmusik und der Trachten annehmen. Hier eine Tracht vom Peloponnes.

Winter um 8 Uhr an zu arbeiten. Davor gibt es kein Frühstück. Wie auch in einem einfachen griechischen Hotel kein Frühstück angeboten wird. Griechen trinken einen griechischen Kaffee – *sketo* (bitter), *metrio* (süß), *glykó* (sehr süß). Unterwegs auf dem Weg zur Arbeit kaufen sie einen Sesamkringel, sie werden an der Straße von Karren angeboten. Um die Mittagszeit ißt man eine Kleinigkeit, zum Beispiel eine Spinat- oder Käsepita. Um 15 Uhr schließen die Betriebe, dann geht der Grieche heim und schläft bis etwa gegen 18 Uhr, nach dem Prinzip: während der heißen Stunden schlafen. Dann folgt das Mittagessen, und sehr spät, ab 22 Uhr frühestens, das Abendessen. Dann bleibt noch bis 1 Uhr Zeit für das Leben in der nächtlichen Kühle, zum Beispiel den Besuch von Freunden.
Die große Hitze des Tages (im Hochsommer sind es in Athen bis zu 40 Grad) bewirkt auch, daß der Grieche nicht gerne heiß ißt. Für den Touristen werden daher die warmen Speisen fast immer zu kalt aufgetragen. Daran muß man sich gewöhnen. Ernährungswissenschaftler bezeichnen übrigens die Art, wie sich die Griechen ernähren, als sehr gesund: viel Gemüse, wenig Fleisch, dafür gelegentlich Fisch und Meeresfrüchte und viel Obst. Statistisch gesehen, ißt jeder Grieche pro Woche 4 Kilogramm Obst.

Filoxenia – griechische Gastfreundschaft

Griechen lieben ihre Sprache. Und sie sind stolz darauf, eine Sprache mit einer so langen und weitreichenden Tradition zu sprechen. Dazu ist anzumerken, daß sich das Neugriechische direkt aus dem Altgriechischen entwickelt hat und auch mit denselben Buchstaben geschrieben wird, sich aber insgesamt von seinem Ursprung entfernt hat. Jedenfalls sind alle Griechen davon überzeugt, daß Griechisch die schönste und ausdrucksfähigste Sprache überhaupt ist, und daß es unendlich schwer ist für einen Ausländer, Griechisch zu lernen. Umso mehr sind Griechen erfreut, wenn der Ausländer ein paar griechische Worte richtig zu benutzen weiß. Andererseits sind Griechen kolossal stolz darauf, die Sprachen Europas zu beherrschen. Englisch vor allem, Französisch bei der Oberschicht, und viele Griechen sprechen auch Deutsch. Also ist es gar nicht schwer, mit Griechen

ins Gespräch zu kommen. Dabei darf man dem griechischen Partner ruhig die Initiative überlassen. Griechen sind von Natur ungeheuer am Fremden interessiert. Der Grieche will wissen, mit wem er es zu tun hat und wem er seine *filoxenia*, seine Gastfreundschaft, schenkt. Es wäre gut, wenn Sie sich ein paar einfache griechische Wörter einprägten: Den Gruß *jassas*, das Wort bitte, *parakaló*, wie oben schon erwähnt, und danke, *efcharistó*. Jeder Grieche wird alles daran setzen, Ihnen mit Rat und Tat zu helfen. Notfalls wird er fortrennen, um einen Freund zu holen, der Deutsch spricht. Irgendwann werden Sie feststellen, um wieviel liebenswerter, freundlicher, hilfsbereiter Griechen sind als unsere eigenen Landsleute. Irgendetwas fehlt uns da. Was nicht heißt, daß man als eher mit vorsichtiger Zurückhaltung geschlagener Mitteleuropäer seine Einstellungen und Gewohnheiten Fremden gegenüber nicht auch einmal revidieren und der am eigenen Leib erfahrenen Gastfreundschaft im heimischen Alltag nicht auch etwas mehr Raum geben könnte. Die Griechen bewundern dafür an uns unser Organisationstalent, unseren Perfektionismus, unseren Wohlstand.

Diese prächtige Festtagskleidung trägt man in Aráchova an Ostern.

Nächste Doppelseite: Kaíkia heißen die klassischen griechischen Holzschiffe für Fischerei und Handel. Ihre Konstruktion, spitzes Heck, flacher Kiel und bauchiger Rumpf, hat sich über Jahrhunderte bewährt.

ΑΓ ΝΙΚΟΛΑΟΣ

ΣΕΒΑΣΤΙΑΝΝΑ

Metropole im Schoss der Antike

Soldaten in der Tracht der Evzonen, der ehemaligen Leibwache des Königs, wachen vor dem Parlamentsgebäude am Grabmal des Unbekannten Soldaten.

Athen

Von den rund zehn Millionen Griechen wohnen mehr als 3 Millionen im Großraum Athen. Athen ist das Wirtschafts- und Kulturzentrum, das in dem noch weitgehend eher ländlichen Griechenland die Menschen anzieht. Was Wunder, daß so gut wie alle bedeutenden Unternehmen Griechenlands in Athen ihren Sitz haben, alle Banken und alle Reedereien.

Jeder Grieche ist beseelt von dem Wunsch, selbständig und sein eigener Herr zu sein. Vielleicht lebt da noch ein Stück bäuerliches Denken weiter. Die Folge dieses Wunsches ist eine Fülle kleiner und kleinster Unternehmen und Geschäfte. Und auch sie finden in der großen Stadt eher Aufträge und Kundschaft als auf dem Land. Athen hat eine bedeutende Universität. Da gibt es Schulen, Hochschulen, Akademien und Ausbildungsstätten aller Art, die Jugend Griechenlands kommt zum Studium und zur Vorbereitung auf den Beruf nach Athen. Auf der Kykladeninsel Náxos habe ich gelernt, daß die Kinder während der Woche in Athen das Gymnasium besuchen und nur übers Wochenende mit dem Schiff heimkommen.

Ich bin gern in Athen, ich mag es, am Morgen in die Stadt zu gehen. Früh, wenn die Luft noch frisch ist. Die Athener sind noch locker und heiter und unterwegs zur Arbeit. Zu Fuß, mit Mopeds, Autos, Bussen. Aus den vielen Kirchen kommen Menschen vom Gottesdienst. Griechen, vor allem die älteren, sind fromme Leute, ihr Verhältnis zu Gott und den Heiligen ist fast familiär.

Auf der Amalías, der Hauptstraße Athens, staut sich der Verkehr an den Ampeln. Ganze Fußgängerherden wechseln die Straßenseite. An den Bushaltestellen bilden sich Trauben. An den Kiosken stehen Menschen Schlange zum Telefonieren. Es ist bequemer, am Kiosk zu telefonieren, man braucht kein abgezähltes Geld wie in den Kabinen. Die sind in Griechenland ohnehin eher selten. Vor dem Parlamentsgebäude mit dem Grab des Unbekannten Soldaten warten scharenweise Touristen – auch Griechen aus der Provinz –, um die Ablösung der Wache zu sehen, der Evzonen mit ihren traditionellen Uniformen und unnatürlichen Bewegungen. Hunderte von Tauben hoffen auf Futter, flattern immer wieder als weiße Wolken um die Köpfe der Touristen. Laut geht es

zu auf der Amalías, wie hier vor dem Parlament. Der Sýntagma-Platz mit seinen Geschäften, der Omónia-Platz mit seinen repräsentativen Gebäuden. Zwei Pole einer lebendigen, jungen Stadt. Und sie ist doch dreieinhalbtausend Jahre alt.
Etwas, was es nirgendwo sonst gibt: das Záppion, Stiftung zweier reicher Athener. Die Männer der Stadt treffen sich da zum Diskutieren. Kaum erkennen sie mich als Deutschen, wollen sie meine Meinung zum Problem Makedonien wissen, wollen mit mir diskutieren. Im Nu bin ich Mittelpunkt eines heftig gestikulierenden Männerkreises: In dieser Stadt wurde die Demokratie erfunden.
Ich stehe auf dem Lykabettos, eine der Erhebungen über der riesigen Stadt. Die Alten erzählen sich, beim Kampf der olympischen Götter gegen die Titanen hätten die Götter riesige Felsen geschleudert. Auch die kleine Athene hätte sich beteiligen wollen, aber ihre Kraft sei halt noch nicht so groß gewesen. Und der Felsen, den sie schleuderte, sei nicht eben weit geflogen: der Lykabettos.
Soweit ich schauen kann, Häuser und Straßen. Noch ehe das Häusermeer die umgebenden Berge erreicht, verschwindet es im Dunst. Kaum sehe ich das Meer gegen Piräus hin. Der Dunst, um nicht zu sagen, eine schreckliche Smogwolke, ist Athens moderner Fluch. Aber nur, wenn kein Wind

Die auf einem 156 Meter hohen Kalksteinfelsen als erhabener Sitz für die Götter errichtete Akropolis ist das Wahrzeichen Athens. Das Herodiontheater aus der Römerzeit wurde im 20. Jahrhundert restauriert, so daß heute dort wieder Schauspiele, Opern und Konzerte aufgeführt werden können.

Das Erechtheion im Nordteil der Akropolis umschließt mehrere Heiligtümer. Es wurde zwischen 421 und 406 v. Chr. unter der Herrschaft des Perikles errichtet. Die Korenhalle zeigt Säulen in Mädchengestalt, die mit ihren Köpfen das Portikus-Dach tragen.

weht, wenn die Luft „steht", also vor allem im Sommer.
Ich sehe die Akropolis genau gegenüber, erkenne die alte, die kleine Stadt rund um den Akropolisfelsen. So winzig war wohl Athen, als 1834 König Otto I. beschloß, seine Residenz von Nauplia nach Athen zu verlegen. Wegen des großen Namens, obwohl dieses Athen Anfang des 19. Jahrhunderts nur ein armseliges Nest war. Ottos Architekten haben die Sache in die Hand genommen und auf dem Reißbrett die Stadt geplant. Dort, wo der Stadtplan von Athen nicht ganz so chaotisch ist, folgt er noch jenen Plänen.
Alles, was nicht antik war, wurde abgerissen, das byzantinische Athen vor allem mit Hunderten von Kirchen und Kapellen verschwand. Eines konnte wenigstens verhindert werden: Ottos Wunsch, sich auf der Akropolis einen Palast bauen zu lassen. So steht der Palast am Sýntagma-Platz und dient heute dem Parlament.
Uralt ist die Stadt. Am Akropolisfelsen hat man Gräber gefunden, die 5000 Jahre alt sind. Und wenigstens genauso lang wurde die heutige Akropolis als Burgberg benutzt. Was man aus dieser frühen Zeit weiß, ist Sage: Da ist ein erster König von Athen, Kekrops. Er hatte die Gestalt einer Schlange, gab Athen die ersten Gesetze. In dieser Zeit kämpfte die Göttin des Krieges,

der Weisheit und der Kunst, Athene, mit dem Meeresgott Poseidon um Athen. Athene schenkte den Athenern den Olivenbaum, Poseidon eine salzige Quelle. Natürlich fanden die Athener den Ölbaum bedeutend praktischer als das salzige Wasser. So wurde Athene die Schutzgöttin der Athener und gab der Stadt ihren Namen. Sage und doch auch mehr. Denn Sagen haben einen wahren Kern: Da ist die Entscheidung für die Göttin von Wissenschaft und Kunst gegen den Gott des Meeres und der Seefahrt. Der soll sich später mit den Athenern versöhnt haben, aber Athens erste Bedeutung kommt nicht aus der Seefahrt. Athene war eine Tochter des Göttervaters Zeus und der Metis, der Göttin der listigen Vernunft, was viel sagt über die Griechen und die Athener im besonderen. Jedenfalls spielt die listige Vernunft in Griechenland eine große Rolle. Dies hat in der Sagengestalt des Odysseus seinen Niederschlag gefunden. Will man Griechen charakterisieren, dann geht das mit der Kurzformel: halb Sokrates, halb Odysseus.

Seine goldene Zeit hatte Athen zwischen 461 und 429 vor Christus. In diesen 32 Jahren herrschte der große Perikles. Es war eine Zeit der wirtschaftlichen Blüte für Athen. Athen expandierte, seine mächtige Kriegsflotte schuf Kolonien in vielen Teilen des Mittelmeerraumes. Demokratische Reformen verbesserten das Miteinander der Bürger im Innern, Wissenschaft und Kunst wurden gefördert und viele Künstler, Philosophen und Dichter kamen aus allen Teilen Griechenlands nach Athen. In diese Zeit fällt das Wirken des Philosophen Sokrates, des Tragödiendichters Sophokles und des Komödiendichters Aristophanes. Große Bildhauer wie Phidias sind tätig, und der Historiker Herodot schreibt seine Denkwürdigkeiten auf. Sie alle prägen europäische Kultur und europäisches Denken bis heute.

Im Jahr 447 wird mit einem Neubau des Athenetempels, des Parthenon, begonnen. Und dieser Tempel, der selbst noch als Ruine eines der schönsten Bauwerke überhaupt ist, wird bis zum Jahr 1687 im wesentlichen stehenbleiben, mehr als 2000 Jahre. Dann schießt am 26. September jenes Jahres ein bayerischer Kanonier von einem venezianischen Kriegsschiff aus eine glühende Kanonenkugel auf den

„Nicht ohne Grund darf man glauben, daß die Stadt (Athen) ungefähr in der Mitte Griechenlands, ja auch der ganzen Welt gelegen ist. Je weiter man sich nämlich von ihr entfernt, desto lästiger ist die Kälte oder die Hitze, die einen umfängt;…“ (Xenophon, um 430–425 bis um 355 v. Chr., griechischer Schriftsteller)

Parthenon. Die Kugel trifft ein Pulvermagazin der Türken. Die Explosion zerstört den Tempel der jungfräulichen Göttin. In byzantinischer Zeit war der Parthenon christliche Kirche und der Jungfrau Maria geweiht. Die Türken haben den Parthenon als Moschee benutzt – und leider eben auch als Pulvermagazin.
Wie oft war ich schon hier oben auf der Akropolis und drüben auf dem Hügel gegenüber, von dem aus man die Akropolis überschaut und den Parthenon. Das Faszinierende ist die harmonische Abweichung vom Geometrischen. Die Säulen stehen nicht in einer geraden Reihe, die steinernen Balken haben einen geringen, aber wahrnehmbaren Schwung. Die Geometrie ist keine Eigenschaft der Natur. Nichts Lebendiges ist mathematisch genau. Der Parthenon ist nach dem Schönheitsmaß der Natur gebaut, so wie Bäume und Blumen, Edelsteine und Menschen. Aber der Parthenon steht in Athen nur stellvertretend für all die zahllosen Zeugnisse der Vergangenheit, ist das schönste und spektakulärste.
Es ist Abend. Ich gehe in die Pláka, die Altstadt von Athen im Schatten der Akropolis. Auf der Straße des Dionysos Aeropagitu fließt der Abendverkehr. Hupen, verwegene Überholmanöver, südliches Temperament am Steuer und am Lenker des Motorrads. Gottseidank gibt es Fußgängerüberwege.
Die Pláka. Enge Straßen, Fußgängerscharen und dazwischen wieder Autos, die sich hindurchzwängen, und Mopeds. Läden für den Touristen: Lederwaren, Keramik, Schmuck, Gold und Silber. Aber auch Obst und Gemüse. Kleine Tavernen mit Tischen und Stühlen auf der Straße. In einem Kellerlokal gibt es Stockfisch mit Knoblauchsauce, eine Spezialität, die ich bei jedem Aufenthalt einmal esse. Eine ganz ungriechische Crêperie. Andenkenläden. Ein Kino. Dann ein kleiner Platz mit Platanen, unter denen Tische stehen. Sie gehören zu einem halben Dutzend Restaurants, die den Platz umgeben. Kellner laden mich ein, doch einmal an die Theke zu kommen und zu schauen, was es zu essen gibt: Hinter einer Glasscheibe stehen die warmgehaltenen Töpfe mit den Herrlichkeiten der griechischen Küche.
Ein paar Schritte weiter eine kleine Kirche. Am Samstagabend wird hier der *esperinós* gefeiert, die Vesper. Die Ausländer sitzen

längst beim Essen, wenn der Gottesdienst vorbei ist. Ein paar Schritte hinter der Kirche gehe ich durch einen dunklen Durchgang. Ein hohes Gartentor, mit Matten undurchsichtig gemacht. Als ich öffne, empfängt mich ein kleiner Hof mit Tischen und Stühlen und ein freundlicher Kellner: „Haben Sie bestellt?“ Natürlich habe ich das. Vom Hotel aus, telefonisch. Wohl wissend, daß ich ohne Bestellung keine Chance habe für einen Tisch. Die griechischen Freunde sind schon da, sitzen schon bei einem Ouzo. Wir bestellen. Bald ist kein Zentimeter Platz mehr auf unserem Tisch vor lauter Platten und Tellern und Schüsseln und Gläsern und Flaschen und Brot, viel Brot. So muß es sein. Der Grieche liebt die Fülle, und da darf ruhig etwas übrigbleiben. Besser als geizig scheinen. Musikanten sind gekommen mit Gitarren und Mandolinen. Sie spielen die typische Musik Athens: ein ganz klein wenig mit Anklängen an Süditalien, aber kein bißchen wie Sirtáki, die Musik für Touristen. Wir lassen uns viel Zeit mit dem Essen, der Abend ist ja noch lang, und das Miteinanderreden ist ebenso wichtig wie das Essen.

Ist es Poseidon oder der Blitze schleudernde Zeus? Der bronzene Gott im Nationalmuseum von Athen ist jedenfalls von eindrucksvoller Majestät.

Sitz der Götter

In Delphi veranstaltete man alle vier Jahre – und zwar zwischen den Olympischen Spielen – die Pythischen Spiele, musikalische und athletische Wettkämpfe (Agonen). Die berühmte Bronzestatue des Wagenlenkers wurde für einen Sieg im Wagenrennen gestiftet und stand einst oberhalb des Apollontempels.

Delphi

Wir hatten uns aufhalten lassen. In Levadia hatten wir gegessen, spät, schon fast griechische Zeiten. Salat, Gemüse und Fleisch. Salat und Gemüse wunderbar frisch, so wie es im fruchtbaren Böotien sein muß, wo für den Markt von Athen produziert wird. Böotien und Attika versorgen diesen Markt. In beiden Gebieten wachsen auf fruchtbarem Schwemmland der Flüsse Weizen, Wein, Oliven, Gemüse und Obst.

Das Brot fällt mir auf. Fast gelbes Brot. Es erinnert mich an Maisbrot, so gelb ist es, und schmeckt doch wie bester Weizen.

Als wir nach Delphi kamen, war es schon spät am Nachmittag. Die rote Sonne des Aprilabends stand tief über den Bergen im Westen und über dem fernen Meer. Apollon meinte es gut mit uns: Außer uns war nur ein einzelnes Paar im Ruinengelände, und das ging bald. Kein einziger Bus, kein einziges weiteres Auto. Wer Delphi kennt, wird mir wahrscheinlich gar nicht glauben wollen. Die Regel sind Hunderte, wenn nicht Tausende von Besuchern. Das hatte ich allerdings auch schon erlebt, ein andermal. Meine beiden Begleiterinnen hatten sich einen Delphiführer gekauft und folgten nun seinen Erläuterungen. Ich machte mich selbständig und stieg hinauf, vorbei am Schatzhaus der Athener und dem Apollon-Tempel, deren erhaltene Säulen in der späten Sonne leuchteten. Weiter hinauf zum Theater und zu dessen obersten Sitzreihen. Dann lag Delphi unter mir in der Stille dieser Stunde. Über mir die steilen Felsen der Phädriaden, Ausläufer des Parnaßgebirges. Ein Adler kreiste hoch oben auf dem Weg zu seinem Horst. Unten, tief eingeschnitten, das Tal des Pleistos mit seinen uralten Olivenhainen und dahinter der langgestreckte Berg Desphina und die Bucht von Itéa. Stille: zu früh im Jahr noch für Zikaden. Ein kühler Wind vom Tal her, ein herber Duft von Blumen. Stunde des Gottes.

Oder der Göttin? Ehe Apollon kam, war dies das Heiligtum der Erdgöttin Gaia, der Nabel der Welt. Aus einer Erdspalte stiegen Dämpfe, betäubten Ziegen und Schafe, die in der Nähe weideten, und ließen Menschen, die diese Dämpfe einatmeten, außer sich geraten und die Zukunft sehen. Gehütet wurde die Orakelstätte, die hier entstanden war, von zwei Drachen, einem männlichen und einem weiblichen.

Den männlichen Drachen hatte Hera, die Frau des Zeus, vor lauter Zorn über dessen Abenteuer ohne Zutun eines Mannes geboren, der weibliche Drache war eine Ausgeburt der Gaia, der Erde. Apollon tötete den weiblichen Drachen, der Delphyne hieß, was etwas mit Gebärmutter zu tun hat, und der männliche Drache Python verwandelte sich in eine Schlange und wurde zum Begleiter des Apollon. Apollon also hatte gesiegt. Delphi wurde sein Heiligtum und seine Orakelstätte. An jedem 7. des antiken Monats Bysios (Februar-März) schaute die Priesterin des Orakels, eine Jungfrau, die in jeder Hinsicht rein sein mußte, in die Zukunft. Sie wusch sich an der Kastalischen Quelle und stieg hinab in die Gewölbe tief unter dem Apollon-Tempel. Dort trank sie von der Quelle Kassotis, kaute Lorbeerblätter, atmete die Dämpfe ein, die aus der Erdspalte aufstiegen, fiel in Trance und sprach Worte, die dann von den Priestern zu Orakelsprüchen gedeutet wurden für die, die hierher kamen, um eine Weisung für die Zukunft zu holen.

Mit Apollon war ein neuer Geist nach Delphi gekommen, der Geist des friedlichen und geregelten Miteinanders, der fortan das griechische Wesen bestimmte. Und Apollon steuerte durch die Orakelsprüche das Schicksal von einzelnen und Gemeinwesen. Kultur und Gesittung traten an

Drei der 20 dorischen Säulen der Tholos, eines Marmorrundbaus im Heiligtum der Athene in Delphi, stehen noch. Von hier genießt man einen herrlichen Rundblick auf die Felsen der Phädriaden, die Pleistos-Schlucht und das umliegende Gebirge.

Die antike Orakelstätte Delphi am Abhang des Parnaß liegt in einer der schönsten Landschaften Griechenlands. Eine eigenartige Stimmung läßt die Anwesenheit des Gottes spüren.

die Stelle der spontanen, unreflektierten Lebensart, Bewußtsein und Moral traten an die Stelle naturbestimmter Triebe. Apollon selbst büßte den Mord an dem Drachen Delphyne, indem er demütig im Témpi-Tal als Hirt dem König Admetos diente.
Delphi wurde ein Ort selbstkritischer Besinnung, der Sühne und des Dankes an den Gott. Der heilige Bezirk war voller Dankgeschenke. Aber Apollon war auch der Gott der Künste und besonders der Musik. Er liebte die Leier und die Saiteninstrumente, und das Bogenschießen war ihm heilig. Seine Pfeile brachten den Menschen einen sanften Tod.
Merkwürdig, wie im Mythos von Delphi sich die griechische und damit europäische Geistesgeschichte ebenso abbildet wie die seelische Entwicklung des einzelnen. Wie das heile weibliche Prinzip von Natur- und Erdverbundenheit einem männlichen Prinzip weicht, das Schuld kennt und Sühne, aber auch Kunst und Technik, das Spiel und den Tod.
Merkwürdig, wie auch weibliches und männliches Prinzip zusammenspielen, wenn es um die Zukunft geht. Die Sonne geht unter, der heilige Bezirk liegt schon im Schatten. Drüben bei der heiligen Quelle ist noch Licht. Das Tal ist reine Schönheit. Natur und Kultur. Die Kräfte der Erde haben es geformt, die Menschen haben es kultiviert. Ich sitze und schaue, und der Gott flüstert mir ins Ohr. Selten habe ich seine Nähe so gespürt wie an diesem Abend in Delphi.
Wir halten in Aráchova, kehren ein. Sie haben Salat für uns und Frikassee, Rindfleisch mit Mangold. Ich lobe die Köchin, dann fällt mir ein, daß *magira* Koch heißt *und* Oberpriester. Griechische Frömmigkeit macht eben keinen Unterschied zwischen dem Heiligen und dem Profanen. Ich hebe das Glas und bringe dem Gott ein Trankopfer nach alter Art: „*Stin jiammas*", „Auf unser Wohl"!

Geschichte auf Schritt und Tritt

Den Götterboten Hermes mit dem jungen Dionysos stellt die Statuengruppe des Praxiteles aus dem 4. Jahrhundert v. Chr. im Museum von Olympia dar. Hermes überbringt das Kind den Nymphen zur Erziehung.

Der Peloponnes

Wodurch unterscheiden sich die heiligen Bezirke von Delphi und Olympia? Delphi liegt am Berghang, weit geht die Sicht, nichts ist verstellt in Delphi, Gott ist präsent in dieser Weite.

Olympia ist anders. Olympia ist ganz bei sich. Man spricht von der friedvollen Landschaft Elis und meint Olympia: eine Landschaft am Fluß, der langsam fließt und geruhsam. Bäume, die Schatten spenden, aber auch Geborgenheit. Hügel, die das Tal umstellen. Nur der Himmel ist weit hier in Olympia.

Olympia ist ganz Hier, ganz Jetzt, nicht Zukunft wie in Delphi. Hier ist der Mensch der, der er ist, nicht der, der er sein kann und sein wird. Ein idealer Ort für den Sportler. Die grandiose Bescheidenheit des antiken Stadions beeindruckt mich, ebenso die Erdwälle für einige zehntausend Zuschauer. Hierher kam die griechische Welt, erlebte hier ihre kulturelle Einheit. Ein Ölzweig, das war für den Sieger die höchste Ehre. Mehr konnte ein griechischer Mensch in dieser Welt nicht erreichen. Die Berufssportler haben die Spiele ruiniert, damals schon. Der Zeustempel könnte jederzeit wieder aufgestellt werden, seine Trümmer liegen noch so, wie sie beim großen Erdbeben umgefallen sind, vor langer Zeit.

Die Spiele fanden zu Ehren des großen Zeus statt. Und der Tempel war eines der Sieben Weltwunder. In den Resten des Gymnasiums blühen lila die Judasbäume. Ich mag Olympia. Auch die Statuen im neuen Museum, die von der Schönheit der Götter erzählen, ihrer Kraft und Macht, und doch den Menschen meinen, den griechischen Menschen des 5. und 4. Jahrhunderts vor Christus: ästhetisch schön und moralisch gut, die Ideale der Griechen – *kalokagathia*.

Fahrt über die Berge. Kleine Städtchen und Dörfer. Der Reiseführer nennt sie malerisch. Aber sie halten dem Vergleich mit Rothenburg ob der Tauber nicht stand. Das Malerische ist anders, muß entdeckt werden, es ist auch das Malerische der Armut. Wovon leben diese Menschen? Die Landschaft ist von einer großartigen Schönheit. Tief eingeschnittene Täler, Obstbäume, kleine Kirchen. Und dann hat es sogar Tannen, über Kilometer Tannenwälder. Und Bäche und Matten. Wir sind in Arkadien. Weite Bergrücken, kahl und kar-

stig, Schafe und Geißen und die kralähnlichen runden Ställe aus Ästen und Steinen. Wahrscheinlich wohnen auch die Hirten darin. Für die Dichter galt Arkadien als Inbegriff lebendiger Traditionen, die Hirten als bessere Menschen, die die Tugenden der Väter bewahrten. Im Freiheitskampf gegen die Türken war 1821 hier ein Schwerpunkt. Vielleicht hatten die Dichter der Romantik recht…

Arkadien wird vom Taýgetos-Gebirge beherrscht. Jetzt im Frühling tragen seine über 2000 Meter hohen Gipfel noch Schnee. Pittoresker Kontrast zu den blühenden Bäumen im Tal.

Ein Straßenschild, das fasziniert: Sparta. Neben Athen und zeitweilig vor Athen griechische Führungsmacht. Um das Jahr 900 vor Christus schlossen sich vier Dörfer zusammen. Wenig später gab ihnen ein Mann bereits das Gesetz, nach dem alles dem Staat gehört und alle dem Staat zu dienen haben. Auch die Erziehung der jungen Männer war Sache des Staates. Das spartanische Heer galt als unbesiegbar. Von Sparta existiert nur noch wenig. Die moderne Stadt hat König Otto 1834 mit schnurgeraden Straßen auf einem Hügel anlegen lassen und die Ruinen des antiken Sparta sind enttäuschend.

Aber fünf Kilometer von Sparta entfernt liegt Mystrás, eine der größten Sehenswürdigkeiten Griechenlands. Mystrás ist wie

Seit etwa 776 v. Chr. fanden in Olympia alle vier Jahre Feierlichkeiten zu Ehren des Gottes Zeus statt. Zu diesem Anlaß wurden Wettkämpfe ausgetragen, die Olympischen Spiele.

Nächste Doppelseite: Die mittelalterliche Ruinenstadt Mystrás, an einem Vorgebirge des Taýgetos errichtet, ist ein beeindruckendes Denkmal der byzantinischen Zeit.

Noch immer spielen Esel und Maultiere als Transportmittel in Griechenland eine große Rolle.

ein Märchen. Eine traumschöne Landschaft, vor allem wenn es wie an diesem Tag überall blüht. Das ganze weite Tal des Eurotas ist voll von Blüten: weiß wie Bräute die Apfelsinenbäume, rosa die Pfirsiche. Und die Blumen und Blüten ziehen sich den Hang herauf bis in die Ruinen, schenken ihnen einen Hauch von Leben. Unbeschreiblich ist der Duft. Zikaden schnarren in der Mittagssonne. Stille sonst. Die Stunde des Pan.

Ruinen, Mauern, leere Fenster, Türen, die ins Nebendran führen, wohlerhaltene Kirchen mit Fresken, die anders sind, inniger, weniger abstrakt, man spürt Italien. Auf Kreta habe ich solche Ikonen gesehen, späte Entdeckung der Farben Zitronengelb und Grün. Schmale Straßen, ausgetretene Steine. Eine Katze, wo kommt sie her? Und die Sonne, die griechische Sonne an einem blauen Himmel. Dann stelle ich sie mir vor: die letzten Einwohner des großen Reiches, zu dem hier das Nachspiel aufgeführt wurde, Byzanz. Den Despoten, die Bischöfe, Kaufleute, Mönche, Soldaten, Gelehrte, Dichter, Philosophen und schöne Damen.

In dieser Stadt Mystrás war noch ein letztes Mal Rom. Das große Rom mit seiner Kultur. Der Anfang des Endes kam, als die Teilnehmer des vierten Kreuzzuges kein Geld hatten für die Überfahrt und sich kostenlos von venezianischen Galeeren transportieren ließen. Dafür verlangten die Venezianer eine Gegenleistung. Und so kam es, daß die frommen Kreuzritter nicht die Ungläubigen aus Jerusalem vertrieben, sondern den zwar christlichen, aber unliebsamen Konkurrenten Venedigs überfielen. Konstantinopel wurde geplündert, auf griechischem Boden entstanden fränkische Fürstentümer und Baronien. Einer mit Namen Villehardouin, Fürst großer Teile Südgriechenlands, baute sich auf diesem Ausläufer des Taýgetos-Gebirges eine Burg. In ihrem Schatten entstand Mystrás.

Und dieser Ort gedieh. Vor allem als Byzanz zehn Jahre später – ein letztes Aufbäumen – sein Land den Franken wieder entriß. Der Kaiser machte seinen eigenen Sohn zum Statthalter, gab ihm den Titel *despótis*. Paläste wurden gebaut, Herrenhäuser, Kirchen, vor allem Kirchen und Klöster. Mystrás war letzter geistiger Mittelpunkt des Reiches, dem die Türken Stück für Stück das Land wegnahmen. Konstantinopel,

Im gebirgigen Hochland Arkadien, in Andritsena, befindet sich dieser auf uns so malerisch wirkende Krämerladen. Nur wenige Straßen erschließen die Region, vieles hat sich in seiner Ursprünglichkeit erhalten. Was so gern verklärt wird, führt in der Realität zu einer starken Abwanderung der jüngeren Generation in die Städte.

von der Christenheit verraten, fiel 1453 in ihre Hand. Sieben Jahre war Mystrás das letzte Zentrum byzantinischer Kultur. 1460 kamen die Türken. Dann die Venezianer, dann wieder die Türken. 1770 die Albaner. Und dann war Schluß mit Mystrás. Zerstört, ein Ruinenfeld. Kirchen sind übriggeblieben, Symbol dafür, daß Byzanz bis heute in der orthodoxen Kirche weiterlebt. Weiter nach Süden, zur Halbinsel Máni, wo die wilden Nachfahren der Spartaner wohnen, die selbst von den Türken gefürchtet wurden, die sich Fluchttürme bauten, um sich verteidigen zu können. Dorf gegen Dorf und Familie gegen Familie. Wahrscheinlich gibt es noch heute die Blutrache in der Máni... Oder nach Monemvassía, der Felsenburg im Meer, die dem süßen Malvasierwein den Namen gab? Ich entscheide mich für die Burg, fahre eine Abkürzung und werde auf dem schlechten Feldweg kilometerweit von fünf wilden Hunden verfolgt.

Zurück. Über die Berge Arkadiens. Dann liegt unter mir der Argolische Golf. An seinem Nordende liegt Tíryns, und etwas weiter Mykene. Mykene, die Burg des Agamemnon, des Führers der Griechen im Trojanischen Krieg, ist der Schauplatz grausiger Geschichten. Da wird Agamemnon, vom zehnjährigen Krieg endlich heimgekehrt, vom Liebhaber seiner Frau Klytämnestra

umgebracht. Sie hat den Mord geplant. Dann erscheint Orestes, der seinen Vater rächt, indem er Mutter und Galan umbringt. Und das alles, weil auf dem Geschlecht ein Fluch liegt. Heinrich Schliemann, der Troja fand, nahm seinen Homer, las die entsprechenden Passagen genau durch und fand die Burg des Agamemnon und den Goldschatz noch dazu.
Es ist Abend, ich gehe über den Sýntagma-Platz in Nauplia. Die Marmorplatten sind von Millionen Schuhen glänzend poliert. An einem Ende des Platzes, gen Osten, der Eingang einer Moschee. Am anderen Ende ein venezianischer Palast und, ein klein wenig zurückgesetzt, eine zweite Moschee: Hier tagte das erste griechische Parlament, hier wurde unter Kapodistrias die erste griechische Regierung gebildet: zwischen Moschee und dem Löwen von Sankt Markus, dem Wahrzeichen von Venedig. In Nauplia, der Hauptstadt des neuen Griechenland, wurde Kapodistrias ermordet. Hier wurde 1832 Otto, Prinz von Bayern, zum König gewählt. Hier trat er seine Regierung an, hier entschied er, das geschichtsträchtige Athen zur Hauptstadt zu machen. Am Hafen esse ich in einer kleinen Taverne Fischsuppe und eine Riesenplatte *Garídes*, Langostinos. Der weiße Wein von Epidauros schmeckt wunderbar dazu.
An anderen Morgen steige ich hinauf zur Festung Palamídi. Türken haben ebenso daran gebaut wie Venezianer, bei denen Nauplia *Napoli di Romania* hieß. Wunderschön der Blick auf die Stadt und den Golf. Und auf der anderen Seite der Halbinsel, auf der Nauplia, liegt das weite Meer, in dem sich die Morgensonne badet.
Weiter nach Epidauros, zum schönsten Theater der Welt. Wo man bis heute die schrecklichen Geschichten aus Mykene und von anderswo spielt, Katharsis nannte man in der Antike dieses Erlebnis. Man reinigt sich selbst von Verbrechen, indem man Verbrechen und deren Sühne betrachtet. Unterwegs, kurz hinter Nauplia, komme ich an der Quelle Kánathos vorbei. Hier hat Hera einmal im Jahr gebadet und war danach wieder Jungfrau. Das ist natürlich noch einfacher.

Vor der östlichsten der vier Südhalbinseln des Peloponnes liegt die Seefahrerinsel Hýdra. Diese recht karge, steinige Insel lebt vom Kunstgewerbe und vom Tourismus. Der malerische Hafen ist ein großer Anziehungspunkt für Künstler aus aller Welt.

Vom Leben der Mönche

Auf einem Felsen an der Südwestküste des Berg Athos liegt das prachtvolle Dionysos-Kloster, 1366 von dem Eremiten Dionysos gegründet. 1376 ließ Kaiser Alexios III. einen mehrstöckig hochragenden Klosterbau errichten, später wurde ein Kranz von Balkonen angefügt.

Der Heilige Berg Athos

Es ist nicht einfach, auf den Heiligen Berg Athos zu kommen, der Besuch verlangt ein wenig Mühe und Geduld. Frauen dürfen den Berg gar nicht besuchen, eine alte Tradition.

Es ist früh am Morgen, wenn wir am Busbahnhof von Thessaloníki unseren Bus nach „Himmelsstadt", das ist die wörtliche Übersetzung von Ouranópoli, besteigen. Und dann fahren wir zwei Stunden über die Chalkidikí.

Weit schaut man in die Landschaft der Chalkidikí mit ihren Wäldern, Wiesen, Äckern, Olivenhainen und Obstplantagen. Dazwischen immer wieder Wein.

Pappeln geben der Landschaft einen besonderen Akzent, erinnern an die Provence, aber auch an die Toskana. Fruchtbar ist die Chalkidikí. Im Herbst, wenn der Weizen geerntet ist – Mähdrescher, versteht sich –, zünden die Bauern die Stoppelfelder an, dann wirkt das Land wie „gebrannte Siena" und in der Nacht leuchten die Feuer. Weizen, so weit das Auge schaut. Arnaía, der halbe Weg, der Bus ist eine Stunde unterwegs. Eine Viertelstunde Aufenthalt. Zeit für eine Käsepita aus der Hand. Stagira, Aristoteles wurde hier geboren. Von Stagira aus sieht man zum ersten Mal den Heiligen Berg, die Halbinsel und den Athosberg, 2000 Meter hoch an seiner Südspitze. Bei Stratóni das Meer, hinter Ierissós der Kanal des Xerxes.

Und dann ist Ouranópoli erreicht. Umsteigen vom Bus ins Schiff. Der Heilige Berg ist zwar eine Halbinsel, aber der Zugang läßt sich viel besser kontrollieren, wenn man die Halbinsel durch einen Zaun absperrt. Dahinter kommt ohnehin unbewohntes, wildes Gebiet. Die Einreisenden fahren mit dem Schiff eineinhalb Stunden am Athos entlang bis nach Dafní, dem Hafen. Und dann ist alles anders: ein anderer Kalender, eine andere Uhrzeit, eine andere Welt. Hier wurde die Kalenderreform des 16. Jahrhunderts nicht vollzogen, also geht der Kalender 13 Tage nach, die Zeit folgt byzantinischer Regel: 0 Uhr ist bei Sonnenuntergang. Die Uhrzeit verändert sich vom Winter zum Sommer und wieder zum Winter, jeden Monat eine andere Zeit.

In 20 Klöstern lebt noch Byzanz, hat die Welt 1453 aufgehört, sich zu verändern. Hier gibt es Blumen, die man sonst nirgends mehr findet, hier gibt es Wälder, weil niemand Raubbau getrieben hat.

Die Südwestküste mit dem Gipfel des Athos, einem 2000 Meter hohen Marmormassiv.

Nur das Feuer bedroht im Sommer den Wald. Und die Not der Klöster, für die in unserem Jahrhundert die Holzwirtschaft zur Geldquelle geworden ist.
500 Jahre sind die Klöster mindestens alt. Mittelalterliche Burgen sind es, mit Mauern und Türmen und Toren. Kirchen von hinreißender Schönheit, einzigartige Fresken, uralte Ikonen, wundertätig viele, und Bücher! Tausende von Handschriften mit wunderschönen Miniaturen.
In den Klöstern leben wieder rund 1500 Mönche ihr Leben für Gott und mit Gott nach tausendjähriger Ordnung: Gebet und Askese. Gebet in der Gemeinschaft und die Meditation des Herzensgebets in der Einsamkeit der Zelle. Das Ziel: Gott werden. Das Schönste, was man erleben kann, ist, über den Berg zu wandern im Schatten von Büschen und Bäumen, den Duft zu atmen von Blumen und deren Farben zu sehen, die wechselnden Ansichten zu genießen vom Athosberg, der im März noch Schnee trägt, vom Meer und von der unberührten Landschaft, kühles Wasser zu trinken aus den Brunnen des Athos – wo sonst gibt es solches Wasser? –, einzukehren am Abend in einem Kloster. Mit den Mönchen zu essen, schweigend, dem Vorleser zuhörend. Auf einer Bank sitzen vor dem Kloster oder auf einer Balustrade, mit einem Mönch über die Dinge der Welt und des Himmels reden

Die Eremiten wohnten zunächst in Höhlen, an den steilen Felswänden, dann auf den Felsnadeln von Metéora. Und schließlich bauten sie Klöster auf die unzugänglichen Felsen, wie hier das Dreifaltigkeitskloster, Agia Triada. Heute ist der Zugang zu den Klöstern durch in den Fels gesprengte Treppen möglich. Der Ansturm von Touristen und Besuchern macht es den Mönchen fast unmöglich, dort noch ein geistliches Leben zu führen.

und schauen, wie der Berg in der Dunkelheit verlischt.
Früh schlafen gehen, damit man um zwei, weltlicher Zeit, wenn das *palandron* geschlagen wird, die Stundentrommel, ausgeschlafen hat. Und dann das Allerschönste, der nächtliche Gottesdienst. Das *mesonüktion*, das Mitternachtsgebet, das in den *orthros* übergeht, das Morgengebet, und dieses in die Liturgie, das große Spiel vom Leben und Sterben, von der Auferstehung Gottes. Das Licht von Kerzen und Öllampen, der goldene Glanz der Ikonen, der Duft des Rosenweihrauchs, Gebete von großer Poesie, der Gesang der Mönche, die Anwesenheit des Gottes. Drei bis vier Stunden mag das dauern, Du merkst es nicht. Die Zeit hat eine andere Qualität. Du bist ganz bei Dir, ganz bei dem Gott, ganz bei den Deinen: Kyrie eleison.
Und dann eine Tasse griechischer Kaffee, ein Schluck Wasser, ein Stück Brot auf den Weg, eine Handvoll Oliven. „*Efcharistó poli*“, vielen Dank.
Was essen Mönche? An diesem Tag gibt es Fisch und Kartoffeln, Salat, Oliven, Brot und Schafskäse, einen Apfel und einen Becher Wein. Jeder Mönch bekommt von der Gemeinschaft jedes Jahr eine besondere Aufgabe. Einer wird Koch. Mönche essen nie Fleisch, nie Butter, trinken auch nie Milch. Am Samstag, Sonntag, Dienstag und Donnerstag gibt es zwei Mahlzeiten, am Montag, Mittwoch und Freitag nur eine, dann gibt es auch kein Ei, keinen Käse, keinen Fisch, kein Öl.
Dies gilt auch während der Fastenzeiten: 40 Tage vor Weihnachten und 40 Tage vor Ostern, 14 Tage vor Peter und Paul, das Muttergottesfasten vom 1. bis zum 15. August und die Fasttage am 29. August, am 14. September, am 5. Januar. In der Orthodoxie bedeutet Fasten Verzicht auf Proteine, es ist ein qualitatives Fasten, das quantitative, nur eine Mahlzeit, kommt hinzu. Das Fasten ist für alle orthodoxen Christen, also auch alle Griechen, Pflicht. Aber die Kirche hat Verständnis für den Menschen in der Welt. Er braucht nur so zu fasten, wie er kann. Die Mönche aber fasten streng.
In Karyés, der Hauptstadt, steht ein winziges Gasthaus. Dort gibt es täglich eine Suppe aus weißen Bohnen. Seit alter Zeit Grundnahrungsmittel der Griechen. Zum Athos gehört für mich diese einfache Suppe, ein Stück Brot, ein Glas Retsína…

Griechische Ostern

Festlich gekleidet für Ostern sind diese Mädchen in ihren hübschen Trachten auf der Insel Kárpathos.

Parapotamos

Es ist auf keiner Karte zu finden. Niemals wäre ich hingekommen. Parapotamos ist ein winziges Dorf. Sein Name bedeutet Nebenfluß. Es liegt ein paar Kilometer von Tríkala entfernt an einem Nebenfluß des Piniós, in der thessalischen Ebene. Keine Sehenswürdigkeit, keine Touristen, kein Hotel.

Es hatte alles damit begonnen, daß ich mit der Wirtin eines griechischen Lokals ins Reden kam. „Hast Du jemals ein griechisches Osterfest erlebt?“ fragte sie, die Anrede „Sie“ ist in Griechenland eine Angelegenheit eher der vornehmen Leute, im übrigen duzt man sich spätestens eine halbe Stunde nach dem Kennenlernen. „Leider nein.“ „Weißt Du was, ich lade Dich zum Osterfest in mein Dorf ein. Ich bin auch da.“ Ich habe mich herzlich bedankt für die Einladung und sie nicht weiter ernstgenommen. Man darf derlei Reden von Mittelmeermenschen nicht nach deutscher Manier gewichten. So etwas kann reine Freundlichkeit sein, ohne die mindeste Absicht, ernst zu machen, so eine Art Kompliment, bei dem es ja auch nur auf die freundliche Geste und nicht auf die Wahrheit ankommt.

Aber als ich wieder ins „Akropolis“ kam, teilte mir Niki mit, sie habe mit ihrer Mutter gesprochen und die lade mich ganz herzlich ein, bei ihnen Ostern zu feiern. Also fuhr ich hin. Nach Parapotamos.

Wir flogen nach Thessaloníki und mieteten einen Leihwagen. Die Autobahn Thessaloníki-Athen. Irgendwann hört die große Stadt auf. Die Randzone ist Industrie, jene Viomachien, jene kleinen Betriebe, die die Wirtschaft Griechenlands so sehr bestimmen und Ausdruck griechischen Freiheitswillens sind, haben hier ihre Werkstätten.

Im Mündungsgebiet des Axiósflusses wird Baumwolle angebaut, Zuckerrüben, Reis und Gemüse für die Stadt. Flach ist das Land, tief eingeschnittene Flußarme durchziehen es. Vor dem Axiósfluß zweigt die Autobahn ab, Richtung ehemaliges Jugoslawien. Unsere Autobahn wendet sich nach Süden, am Olymp vorbei, wo in der alten Zeit die Götter wohnten und wo heute die Griechen zum Skilaufen gehen, durch das Grün des Témpi-Tals hinauf in die thessalische Ebene. In Lárissa verlassen wir die Autobahn. Westwärts geht es auf Tríkala zu. Riesige Felder. „Weizen

wächst da“, sagt Niki, „und Baumwolle.“ Und dann sind wir in Tríkala und gleich darauf in Parapotamos.
Es ist Gründonnerstag abend. Ich gehe mit Georgios, Nikis Vater, in die Kirche. Am Abend des Gründonnerstag feiert die Orthodoxie die Passion des Herrn. Feierlich wird das Kreuz aufgerichtet, mit Blumen geschmückt, verehrt.
Aber nicht nur Niki ist aus der Fremde heimgekommen ins Dorf, wie sie noch einige Dutzend anderer Leute, die jetzt alle in der Kirche unbedingt die Verwandten begrüßen müssen, nachfragen müssen, was Tante Katharina macht und Onkel Janni, die *jiajia*, die Großmutter, und der *papus*, der Großvater. Es herrscht ein entsprechend hoher Lärmpegel in der kleinen Dorfkirche. Die kleinen Buben und Mädchen laufen nach vorne zum Altar und wieder zurück. Gottesdienst mit Volksfestcharakter.
Am Karfreitag, da herrscht die Ruhe des Todes. Zu essen gibt es nur die gekochten Früchte eines unbekannten Baumes, die mich an Schlehen erinnern, ungesüßt. Am Abend die Prozession mit dem Epitaphios, mit dem Symbol des toten Christus, rund um die Kirche. Am Schluß gehen alle unter dem blumengeschmückten Gestell hindurch, Zeichen für die Wiedergeburt des Menschen durch den Tod seines Gottes. Der Pfarrer verteilt die Blumen vom Epitaphios an die Gläubigen.

Zum griechischen Osterfest gehört unverzichtbar das Lamm am Spieß. Manchmal tun sich mehrere Familien zusammen. Über diesem Feuer werden 22 Lämmer gedreht.

Nächste Doppelseite:
Seit der Antike hat die Schafzucht in Griechenland Tradition.

Zu den meist als Kranz geformten Osterbroten gehören gefärbte Eier. Die sind immer rot gewesen zur Erinnerung an das Blut, das Christus vergossen hat.

Am Karsamstagmorgen schlachtet Georgios Lämmer. Eines für die Familie, also auch für mich, und fünf weitere, die er verkauft hat. Auf seinen Armen bringt er das Lamm, legt es auf den Boden. „*Kali Anastasi*", sagt er, gute Auferstehung, der Gruß, den sich heute alle Menschen zurufen. Dann tötet er das Lamm mit einem schnellen Schnitt. Es stirbt, ohne zu leiden.

Am Mittag gibt es Brot und Oktopus, in Essig gekocht. Niki und ihre Mutter sind voll mit den Vorbereitungen auf das Osterfest beschäftigt: Sie kochen und backen, färben Eier rot, reiben sie mit Öl glänzend, putzen und schmücken.

Und dann machen sich alle fein, ziehen die Sonntagsgewänder an, und kurz vor Mitternacht ist die ganze Gemeinde in der Kirche. Jetzt sind alle Verwandten da und die Kirche faßt die Gläubigen nicht. Dann werden alle Lichter gelöscht, nur die Straßenlaternen von draußen werfen einen fahlen Schein durch die Fenster. Die mittlere Tür der Ikonostase wird geöffnet und der *papas*, der Pfarrer, erscheint mit drei brennenden Kerzen. „*Christos anesti*", und die Antwort der Gemeinde „*alethos anesti*", Christus ist auferstanden, er ist in Wahrheit auferstanden.

Die vordersten drängen sich, um das Feuer von den Kerzen des Priesters zu holen, und dann wandern die Flammen von Kerze zu Kerze durch die ganze Kirche, bis alle Kerzen brennen. Der Priester verläßt die Kirche, die Gläubigen folgen ihm, und draußen auf dem Dorfplatz liest er das Evangelium, „*Christos anesti*". Raketen werden abgefeuert, die Glocken läuten, die Menschen umarmen und küssen sich. Und während der Priester wieder in die Kirche zurückgeht, gefolgt von einem Teil der Gläubigen, um die Osterliturgie zu feiern, gehen die übrigen heim mit ihren brennenden Kerzen. Vasiliki, die Mutter von Niki, begleitet uns mit der brennenden Osterkerze. Mit der Flamme macht sie ein Rußkreuz auf den Türsturz, sagt dem Haus „*Christos anesti*", dann wird die kleine Öllampe vor den Ikonen des Hauses wieder angezündet, und dann läßt sich die Familie zur *majiriza* nieder, einer Suppe, gekocht aus den Därmen und Innereien des Osterlammes, mit vielen bitteren Kräutern. Sie hat die Aufgabe, nach 40 Tagen Fasten den Magen auf die Freuden

des Osterfestes vorzubereiten, also das Fasten zu brechen. Die Majiriza kann eine Delikatesse sein, aber sie kann auf den mitteleuropäischen Gaumen auch erschreckend wirken. Die gekochte Leber gibt es getrennt dazu und Ostereier und Brot und Wein und einen Osterkuchen, in den Ostereier eingebacken sind. Und immer wieder wünscht sich die Familie „*Christos anesti*" und „*alethos anesti*".
Die männlichen Mitglieder einer griechischen Familie gehen meistens gar nicht erst ins Bett, denn sobald der neue Tag erwacht, noch vor Sonnenaufgang, wird im Garten ein Feuer angezündet, das herunterbrennen muß zu glühender Kohle, und über dieser Glut wird an einem Spieß das Osterlamm gebraten. Und jeder im Haus muß eine Zeit mit Osterlammdrehen zubringen. Aber natürlich kann dies nicht ohne einen gehörigen Schluck geschehen und das erforderliche Zubrot, bestehend aus Ostereiern, aus Leber, aus Käse, aus Brot. Man geht zum Nachbarn, um zu plaudern, um zu trinken. Plattenspieler und Radios werden aufgestellt und zur Musik beginnen ganze Familien zu tanzen. Das Fest des Jahres, Ostern, ist im Gang.
Die Sonne schien, die Bäume blühten. Es war ein unvergeßlich schönes Osterfest. Niki hatte recht. Wenn man Griechenland kennenlernen will, muß man mit den Griechen Ostern feiern.

Ostern ist das Fest der griechischen Familie. An diesem Tag kommen alle heim um gemeinsam zu feiern. Feiern, das bedeutet essen, trinken, singen und tanzen.

Inselzauber

Ein Fischer verkauft im Hafen von Benítses auf Korfu Sardinen. Die Ionische Insel Korfu, auch Kérkyra genannt, wird wegen ihrer Nähe zu Italien als „Pforte Griechenlands“ bezeichnet. Sie ist mit ihren landschaftlichen Reizen und der üppigen Vegetation ein beliebtes Ferienziel.

Pátmos

Wir sind in der Nacht angekommen. Das Hotelpersonal hatte auf uns gewartet. Jetzt ist Morgen. Ich wache von der Sonne auf, die mir ins Gesicht scheint. Der Morgenbetrieb auf einer griechischen Insel ist geruhsam. Natürlich muß der Fahrer des Inseltaxis zeigen, wie gut er fahren kann. Ein, zwei Lastwagen von jener kleinen Art, die eine japanische Firma speziell für die Landwirtschaft baut, bringen irgendetwas irgendwohin, klappernd und rumpelnd. Mopeds sind natürlich auch unterwegs. Sie versammeln sich beim Fischhändler, er hat frischen Fisch bekommen an diesem Morgen. Junge Männer holen die Fische ab, transportieren sie in einer Obstkiste auf dem Gepäckträger des Mopeds, andere sind einfach nur wegen der Gesellschaft da.

Man meint, es müsse Fisch in Hülle und Fülle geben in diesem Meer. Das Gegenteil ist wahr, Fische sind eher rar. Die Fische auf den großen Märkten von Athen und Thessaloníki kommen aus dem Atlantik. Sie sind für viele Griechen unerschwinglich teuer. Der Raubbau an den Fischgründen durch jahrzehntelanges Dynamitfischen rächt sich heute. Und ich weiß bestimmt, daß der Unfug, bei dem vor allem die Fischbrut sinnlos vernichtet wird, bis heute anhält. Aber zurück nach Pátmos.

Auf den Jachten, die an der Kaimauer vertäut sind und die offenbar hier überwintern wollen, werden ein paar Handgriffe getan, ein Eimer mit Meerwasser an einem Seil heraufgezogen, irgendetwas abgespült. Ihre Flaggen weisen sie als Holländer, Skandinavier, Schweizer, Deutsche aus. Am Strand wird ein *kaíki* gebaut. Noch fehlen die Planken, es schaut aus wie das Gerippe eines toten Fisches. Aber immerhin, einer schlägt einen Nagel ein, ein anderer sägt an einem Brett. Irgendwann wird das Schiff einmal fertig sein. Daneben sind Fischer dabei, ihr Netz für den Fang zu richten, ein Grauhaariger sitzt auf einer Kiste und flickt am Netz, mit langsamen, überlegten Bewegungen. Er raucht gemächlich eine Zigarette, die er zwischen den Lippen hält. Ein Kreuzfahrtschiff ist angekommen, Touristen wuseln an Land: Fotoapparate, Videokameras. Skála, der Hafen von Pátmos, ist ein wunderschöner Ort. Klein, überschaubar, mit weißen Inselhäusern, in deren Höfen Palmen

wachsen und Rosen und Hibiskus. Dazwischen Kirchen, immer wieder Kirchen. Wenn die Leute vorbeigehen, bekreuzigen sie sich: „*Jasou Thee*“, Salü, lieber Gott. So wie man den Nachbarn grüßt. Freundliche, sanfte Menschen. Nach drei Tagen werden sie mich grüßen wie einen alten Bekannten.
Aber jetzt ist der erste Tag und ich steige hinauf zur Oberstadt. Durch Skála zunächst. Hausfrauen sind am Putzen. Kinder spielen in der warmen Herbstsonne. Abgeräumte Gärten, abgeerntete Bäume.
Der alte Pilgerweg führt an der Patmiásschule vorbei, im 18. Jahrhundert als kirchliche Schule gegründet. Hier wurden die großen Gedanken der Freiheit gedacht, der Freiheitskampf von 1821 vorbereitet. Auch im christlichen Griechenland ist Religion eine Sache von dieser Welt und diese Welt eine Sache der Religion. Neben der alten Schule führt eine Treppe hinunter zu einer Felsengrotte, zur Grotte der Apokalypse. Johannes, der Apostel und Evangelist, wurde in einer der Christenverfolgungen des ersten Jahrhunderts nach Pátmos verbannt. Mit seinem Schüler Prochoros lebte er in dieser Höhle. Ein alter Mönch zeigt mir die Höhlung im Fels, in die Johannes beim Schlafen seinen Kopf legte, die Stelle, wo er sich beim Aufstehen mit der Hand abstützte, wo er Prochoros die

Pátmos, die kleinste und nördlichste Insel des Dodekanes, ist vulkanischen Ursprungs. Die Küste gliedert sich in zahlreiche Buchten und schmale Isthmen. Der Hauptort besteht aus der Oberstadt, Chóra, und dem Hafen, Skála. Er wird von zahlreichen Kreuzfahrtschiffen angelaufen.

Nächste Doppelseite: Hýdra, ein beliebtes Ausflugsziel in der vielfältigen Inselwelt Griechenlands. Im 18. und 19. Jahrhundert lebten hier wohlhabende Seekaufleute.

Póros liegt östlich des Peloponnes, nur durch eine enge Fahrrinne vom Festland getrennt. Die Bewohner leben vom Fremdenverkehr und von der Landwirtschaft auf den fruchtbaren Küstenstrichen des Festlands, die zu Póros gehören.

Geheime Offenbarung, die Apokalypse, diktierte. Der heilige Johannes hier auf griechischem Boden, der heilige Paulus in Thessaloníki, in Korinth, in Athen, auf Kreta predigend und Gemeinden gründend, aber auch im griechischen Ephesos.
Griechenland war das Sprungbrett des Christentums nach Europa, so wie es für vieles Eingangstor war: für Ideen und Kulturtechniken, die, wie zum Beispiel die Schrift, aus Asien und Afrika kamen.
Ich steige weiter den Berg hinauf: das Johanneskloster, eine byzantinische Burg, 900 Jahre alt. Freundliche Mönche, fast alle auf Pátmos geboren. Griechisches Willkommen: ein Täßchen Kaffee, ein Glas Wasser, eine Süßigkeit, ein Schnaps. Die Bibliothek – kostbare Bücher, 900 Handschriften, 13.000 Urkunden, ein Markusevangelium aus dem 6. Jahrhundert. Und die Schatzkammer! Ikonen, Kelche, heiliges Gerät.
Ich will dem Abt „Grüßgott“ sagen, er ist in Istanbul beim Patriarchen: Sitzung der Synode.
Ich lerne, der Patriarch ist eigentlich nur der Vorsitzende der Bischofsversammlung einiger Diözesen in der Türkei und im Dodekanes, den Inseln vor der kleinasiatischen Küste. Alle Beschlüsse des Patriarchats sind die Beschlüsse dieser Synode.
Der Patriarch ist nur ausführendes Organ. So ist es auch, wenn alle orthodoxen Patriarchen bei-

sammen sind. Dann führt der Patriarch den Vorsitz, nur das. Bis hinab zur Gemeinde ist die Mitsprache aller Christen gesichert: In der Ostkirche ist noch immer griechische Demokratie lebendig. Ich stehe auf dem höchsten Turm der Gottesburg. Unter mir der Hauptort Chóra. Die Häuser sind schneeweiße Würfel. Gassen, Blumen, die Insel fast in ihrer ganzen Ausdehnung. Das Ägäische Meer. Und in der Ferne die Umrisse von Kálymnos, Léros, Amorgós, Náxos, Mýkonos, Páros und in der Gegenrichtung Sámos und Ikaría. Ich hätte Glück, sagt Vater Alexos, und zwar in doppelter Hinsicht. Erstens sei die Sicht nur selten so gut wie heute und zweitens hätte ich morgen nicht mehr auf dieses Dach steigen dürfen. Denn das Dach wird nun für den Herbstregen gerichtet. Das Wasser sammelt sich, wie überall auf den Inseln, auf den flachen Dächern und fließt in die Zisternen: Wasser für ein Jahr… Mittagessen in Chóra. Zitronensuppe, Salat, Pilaw aus Ziegenfleisch, Gemüse und Reis. Zur Vesper in einem kleinen Frauenkloster. Es besteht seit knapp 20 Jahren, viele junge Nonnen. Eine kommt aus Deutschland. Sie ist hier hängengeblieben auf einer Urlaubsreise, orthodox und Nonne geworden. Ihre Augen strahlen. Das Glück eines erfüllten Lebens. Hinter dem Glockenturm des Klosters sinkt die Sonne ins Meer.

Rhódos, als „Perle des Dodekanes“ bezeichnet, ist die viertgrößte griechische Insel. Rund 400 Jahre unter türkischer, dann italienischer Herrschaft, kam Rhódos erst 1948 zu Griechenland.

Lebendige Traditionen

Frauen auf der Katharo-Hochebene auf Kreta backen Brot. Die alten Steinbacköfen verleihen dem Brot ein ganz besonderes Aroma.

Kreta

Eine Reise auf Kreta kann in Chaniá beginnen oder in Iráklion, kann auf einem Flugplatz beginnen oder in einem Hafen, wo Fähren aus Piräus anlanden. Vom Peloponnes her gibt es sogar eine Fähre, deren Ziel Kastélli ist, ganz im Westen der Insel.

Ich komme in Iráklion an. Die Stadt ist mein erstes Ziel, Knossós wohl auch, wenige Kilometer entfernt. Nach dem Vatikan angeblich die am meisten besuchte Touristenattraktion. Kreta hieß im Mittelalter, als es noch Venedig gehörte, „Candia". Und Candia hieß auch die Hauptstadt, die heute Iráklion heißt.

Der Name Candia lebt weiter im „Kandis"-Zucker und in „kandierten" Früchten. Auf Kreta wuchs früh Zuckerrohr, wurde Zucker hergestellt, als man andernorts noch Honig und Fruchtsaft zum Süßen benutzte. Venedig handelte mit dem Zucker aus Candia und den in Zucker eingelegten, den kandierten Früchten. Nur die reichen Leute in Europa konnten sich solches leisten.

Iráklion ist von einer Stadtmauer umgeben, die ihresgleichen sucht. Sie ist bis zu 60 Meter dick. Jedenfalls gibt es einen Fußballplatz auf der Mauerkrone. Und an einer Stelle, an der Martinengo Bastion, ist ein Grab. Der kretische Dichter Nikos Kazantzakis liegt hier begraben, einer der ganz großen Schriftsteller Griechenlands und Europas. „Alexis Sorbas" hat er geschrieben und „Die letzte Versuchung". Er hat geholfen, die griechische Volkssprache zu einer literaturfähigen Sprache zu machen. Den Literaturnobelpreis hat er nicht erhalten, der große Kazantzakis, obwohl er ihn verdient hätte. In Freiburg im Breisgau ist er gestorben. Die orthodoxe Kirche wollte ihm ein christliches Begräbnis verweigern, nicht nur wegen seines Buches „Die letzte Versuchung". Ein Militärgeistlicher hat sich über alle Gebote und Verbote seines Bischofs hinweggesetzt und gab Kazantzakis die letzte Ehre. Dafür ging er drei Wochen in den Arrest. Auf dem Grab steht die Inschrift, die Kazantzakis gewählt hatte: „Ich erhoffe nichts, ich fürchte nichts, ich bin frei." Dieser Spruch des Kreters Kazantzakis könnte für alle Kreter gelten.

Ich erreiche das Dorf, in dem Kazantzakis seine letzten griechischen Jahre verbracht hat. Man hat einen weiten Blick über das Meer, Iráklion, seinen Hafen, die flachen Berge dieses Teils von

Auf Kreta wird seit rund viereinhalbtausend Jahren Wein angebaut. Aber nicht aus allen Trauben wird Wein hergestellt. Hier werden sie für Rosinen zum Trocknen ausgebreitet.

Kreta, wo Wein wächst, Gemüse und Oliven, und das Idigebirge dahinter mit dem Psiloritis. Hier treffe ich am Abend eine Tanzgruppe. Eine Lyra spielt, ein Saiteninstrument, das auf die Knie aufgesetzt und mit einem Bogen gestrichen wird wie eine Geige, begleitet von zwei Lauten. Eine eigenartige Musik, bei der die Töne der Lyra in wilden Läufen auf und ab springen und die Lauten einen harten, monotonen Rhythmus skandieren. Eine Musik, die das Blut zum Kochen bringt, die nach arabischen Seeräubern klingt und den Ekstasen orientalischer Nächte. Und dazu tanzen sie nach den strengen Regeln der Tradition die uralten Tänze, von denen es heißt, sie gingen auf die Antike zurück. Kazantzakis fällt mir ein, der irgendwo schreibt, daß Kreter in der Hitze ihres Blutes sich den eigenen Dolch in den Arm rammen, um das Blut fließen zu lassen. Und du begreifst.
Die jungen Männer tragen blaue Pumphosen und weiße Stiefel. Über ihren Hemden mit weiten Ärmeln tragen sie silberbestickte Westen und in dem breiten Tuch, das sie als Gürtel um den Leib geschlungen haben, stecken Dolche mit silberner Scheide. Die Mädchen tragen weiße Kopftücher, lange rote Röcke, Westen über buntbestickten Blusen. Sie tanzen die alten Tänze voll gezähmter Wildheit. Schön sind diese kretischen Mädchen, und

die Burschen sind stark und kühn. Hoch springt der Chorführer des Tanzes. In der Tanzpause singt der Lyraspieler Mantinaden, Lieder, deren Text aus der Inspiration des Augenblicks kommt. In einer Taverne trinke ich den Wein des Landes, esse das grobe Weizenbrot, das ich so mag, den zarten Weißkäse, Speck und *luganike*, kretische Würste. Und Tomaten natürlich, große, fleischige kretische Tomaten, süß und aromatisch, in Stücke geschnitten, mit Salz und Oregano bestreut und mit Olivenöl beträufelt. Der Wirt winkt mich hinaus. Er ist mit seinem Bruder am Schnapsbrennen, *tsíkoutia*, der Tresterschnaps Kretas. Natürlich muß ich probieren.

Ob je jemand die Olivenbäume Kretas gezählt hat? Wohin man in Kreta kommt, Olivenbäume. Manche von ihnen sind uralt. Viele werden gar nicht mehr abgeerntet, weil es nicht genügend Arbeitskräfte gibt. Man sagt, der Olivenbaum sei auf Kreta daheim. Wenn man das süße Olivenöl des Landes probiert, mag man das gerne glauben.

In einem kleinen Dorf an der Südküste besuche ich eine Ölmühle. Die Bauern bringen ihre Ernte auf dem Rücken von Maultieren oder mit jenen kleinen Karren, vor die ein landwirtschaftliches Vielzweckgerät gespannt ist. Die Oliven sind in Jutesäcken, von Öl getränkt. Denn bereits der Druck von zwei

Der berühmte Kreterschnaps „tsíkoutia“ wird aus Trester gebrannt. Die Bauern, wie hier in der Kallikratis-Hochebene, stellen ihren Schnaps selbst her.

In dem Dorf Margarítes in der Provinz Réthimnon wird von einem Großteil der Bevölkerung noch das Töpferhandwerk betrieben. Man hofft, daß durch den Tourismus auch das Interesse an dem alten Handwerk wieder steigt. Töpferware nicht nur zur Zierde, sondern auch für den alltäglichen Gebrauch.

Fingern genügt, um aus einer reifen Olive Öl austreten zu lassen. Und auf Kreta werden nur reife Oliven geerntet. Das beginnt schon im Spätherbst und dauert das ganze Frühjahr bis in den April und Mai. Unter den Bäumen sind Netze ausgebreitet, auf die die reifen Oliven fallen. Der Bauer hilft durch Schütteln des Baumes und seiner Äste noch etwas nach, aber nur was reif ist und von selbst herunterfällt, kommt in die Säcke. Mit den Netzen geht das verhältnismäßig einfach. Da und dort sehe ich alte Leute, die an Stellen, wo man keine Netze auslegen kann, zum Beispiel auf den Wegen, die herabgefallenen Oliven aufheben. Dunkelblau sind diese Oliven.
In der Mühle werden sie gewaschen und dann werden sie zusammen mit lauwarmem Wasser gemahlen. Eine Zentrifuge trennt Festes von Flüssigem, eine zweite Zentrifuge Wasser und Öl. Uralt ist diese Methode, das Öl mit warmem Wasser zu waschen und damit jene Bitterstoffe zu entfernen, die in der Galle so weh tun. In dickem Strahl fließt es aus der Zentrifuge. Die Ölbauern probieren ihr Öl an Ort und Stelle mit einem Stück Brot. Nach Säuregraden wird das Öl unterschieden. Das teuerste und kostbarste ist das fast geschmacklose Öl mit weniger als 1% Säure. Das mögen die Kreter selber nicht. Sie ziehen Säuregrade bis 3% vor. Öl, das kräftig nach Oliven schmeckt. Einer der Ölbauern erzählt mir, daß er 8000 Liter in diesem Jahr verkaufen kann. Eine neue Ernte wird es allerdings erst in zwei Jahren geben, denn diese Sorte Ölbäume trägt nur jedes zweite Jahr. 800 Liter behält er für den Eigenbedarf. 400 Liter jährlich für eine sechsköpfige Familie. Der Arzt des Ortes erzählt mir, daß es keinerlei Herz- und Kreislaufprobleme unter den Bauern gibt. „Das kommt vom Öl“, sagt er.
Öl ist das wichtigste Produkt der kretischen Landwirtschaft. Rosinen kommen dazu und zunehmend Obst und Tomaten. Tomaten sind auf Kreta schon früh im Jahr reif. Obwohl sie unter Glas gezogen werden, sind sie von hervorragender Qualität und hervorragendem Geschmack. Die Sonne von Kreta eben.

An einem griechischen Olivenstand kann man leicht bis zu 40 verschiedene Sorten zählen. Der Feinschmecker unterscheidet nach Herkunft und Größe.

Es heißt, es gibt auf Kreta rund 24 Millionen Olivenbäume. Die Ernte ist reich, das Olivenöl, nach alter Tradition gewonnen, besonders wohlschmeckend.

Vom griechischen Wein

An diesen herrlichen Trauben hätte der Weingott Dionysos sicher seine Freude.

Vielleicht ist sie die älteste Kulturpflanze überhaupt, die Weinrebe. Alle Hochkulturen des Orients, ob Ägypter, Babylonier, Assyrer, Phönizier, Israeliten und Hethiter haben die Weinherstellung künstlerisch gestaltet, sei es daß sie Bilder hinterlassen haben, sei es daß sie in ihren Schriften vom Weinbau und vom Wein geschrieben haben. Im Laufe der vier bis fünf Jahrtausende vor Christus hat der Wein das noch ältere Getränk Met aus Honig verdrängt. Kam der Weinbau mit den Phöniziern über das Meer nach Griechenland? Oder ist das Kultivieren der wilden Weinrebe eine eigene Entwicklung? Jedenfalls, um 1500 vor Christus gab es in Griechenland Wein, und Griechenland ist somit das älteste Weinland Europas überhaupt.

Nirgends in Europa hat der Wein eine so große Rolle gespielt wie in Griechenland. Auf 180.000 Hektar Land wird in Griechenland heute Wein angebaut. Davon dient die eine Hälfte der Erzeugung von Wein, die andere Hälfte aber liefert die Tafeltrauben und die Trauben für die Rosinenherstellung.

Wein wächst in Attika, auf dem Peloponnes, in Thessalien und Makedonien, auf Kreta und auf den Inseln. Der griechische Wein spielt auf dem europäischen Weinmarkt keine große Rolle. Frankreich hat griechischen Wein in großen Mengen gekauft und als Verschnittwein verwendet. Die Länder des ehemaligen Ostblocks haben griechischen Wein als billige Konsumware importiert. Heute bemüht sich Griechenland, Qualitätsweine in Europa anzubieten. Griechenlands Schwierigkeit mit dem Wein ist anders als etwa bei der Weinerzeugung in Mitteleuropa. Nicht zu wenig, sondern zu viel Sonne ist das Problem, mit dem die Weinerzeugung fertigwerden muß.

Der traditionelle Tischwein Griechenlands ist der Retsína, ein Weißwein, dem eine bestimmte Menge Pinienharz bei der Gärung zugesetzt wird. Diese Methode ist uralt. Sie diente ursprünglich zur Haltbarmachung des Weines. Nun ist Retsína nicht jedermanns Sache und für viele Mitteleuropäer ist der eigenartig harzige Geschmack des Retsína gleichbedeutend mit griechischem Wein, was dessen Vermarktung in Mitteleuropa stark behindert. Wer sich aber an diesen Geschmack gewöhnt hat, der mag, zumindest in Griechenland, darauf nicht mehr verzichten.

Ich erinnere mich an einen glühendheißen Augusttag in Athen. Freunde schleppten mich mit in die Pláka, die Altstadt zu Füßen der Akropolis. In alten Holzfässern lagerte der Retsína direkt neben der Gaststube und wurde vom Wirt in kupferne Meßgefäße, „*ena kilo, parakaló*", einen Liter, bitte, abgefüllt und serviert. Er war nicht eiskalt, aber ich habe gelernt, daß Retsína gar nicht eiskalt zu sein braucht, er schmeckt auch so aromatisch und erfrischend.

Es gibt verschiedene Firmen, deren Retsína, in kleine Flaschen abgefüllt, in ganz Griechenland und auch in den griechischen Gasthäusern der Bundesrepublik verbreitet sind. Die bekanntesten sind die Firmen J. Boutaris & Son, Kourtakis und Tsantalis.

So, aber was macht der, der partout keinen Retsína mag? Dem sei der weiße oder rote Wein unter der Bezeichnung „Demestica" empfohlen. Es gibt auch einen Rosé. Die Firma Achaia/Clauss, die den Demestica vertreibt, geht übrigens auf einen deutschen Gründer zurück. Er war der erste, der überhaupt griechischen Wein in Flaschen abgefüllt hat. Nun gibt es aber neben dem Retsína und dem Demestica hervorragende griechische Weine, die im gleichen Maß zunehmen, wie in Griechenland neue Rebsorten angepflanzt werden und man die Weinerzeugung modernisiert.

Das wichtigste Weinanbaugebiet Kretas, Archanes, liegt in der Nähe von Iráklion. Hier wachsen die Reben für verschiedene Sorten Rotwein.

Uralt und entsprechend berühmt sind die Dessertweine. Zum Beispiel Mavrodaphne vom Peloponnes. Malvasia, ebenfalls vom Peloponnes, Vino Santo aus Santorin und der weltbekannte, Madeira-ähnliche Sámoswein. Alle vier sind dunkel, süß und stark. Sie werden mit Weingeist auf 16% Alkohol aufgespritet.
An Weißweinen liefert der Heilige Berg Athos in Nordgriechenland sehr gute Weine, die von der Firma Tsantalis vermarktet werden.
An Rotweinen genießen die Weine aus Náoussa (Páros) einen hervorragenden Ruf. Desgleichen die Weine vom Chateau Carras, dem größten Qualitätsweingebiet Europas in Privatbesitz. Weitere wichtige Weinhersteller sind, laut Weltweinführer 1992, außer den schon genannten Boutaris, Kourtakis, Tsantalis und Achaia/ Clauss, Metsovo Averof, Cambas, Athanase Parparoussis, die Union des Cooperatives Vinicoles de Sámos und Strofilia. Da diese Firmen alle für den Export arbeiten, darf man zunächst einmal davon ausgehen, daß ihre Weine unserem Gaumen zusagen. Dies aber nur für denjenigen, der sicher gehen will.
Es gibt in Griechenland so viele wunderbare kleine regionale Marken, die aufzuzählen hier natürlich nicht genügend Platz ist. Darum frage ich grundsätzlich, und nicht nur in Griechenland, nach dem Wein der Region. Kein Kellner empfiehlt einen schlechten Wein, dafür sind Griechen, und nicht nur Griechen, viel zu stolz auf ihre Region. Und außerdem schmeckt meistens ein Wein dort am besten, wo er gewachsen ist.
Eines allerdings ist kritisch. Wenn Ihnen ein Wein schmeckt, dann können Sie nicht davon ausgehen, daß er Ihnen daheim in Deutschland auch schmecken wird. Nehmen Sie also keinen Wein von Griechenland mit nach Deutschland, sondern kaufen Sie sich lieber einmal die eine oder andere Flasche griechischen Wein in einer heimischen Weinhandlung – und probieren Sie vorher.

Die großen, schmackhaften kretischen Tafeltrauben sind sehr begehrt und bilden einen köstlichen Abschluß für jedes leckere griechische Gericht.

Vorspeisen und Suppen

Bauernsalat

Als ich das zweite Mal in Griechenland war, zu irgendeinem Kongreß in Athen, da habe ich mir einen Mietwagen genommen und bin durch Attika gefahren, das fruchtbare Land. Felder, Obstbäume, staubige Wege, nichts zu trinken und unerträglich heiß: Es war Ende Juli. Ans Meer! Die Vorstellung von blauem Meer und kühlem Wind und einer Taverne. Wo die Fähre hinübergeht nach Euböa, fand ich, was ich suchte. Ein kühles Glas Wein, Retsína vom Faß und einen Bauernsalat mit frischgebackenem weißem Brot. Das Ende jenes heißen Tages war Kap Sounion, der Tempel des Poseidon, hoch über dem Meer, mit dem Blick in die untergehende Sonne.

6 Tomaten
1 Gurke
1 grüne Paprika
1 Gemüsezwiebel
Salz
Pfeffer
1 Handvoll schwarze griechische Oliven
Oregano
100 g Feta (Schafskäse)
Weinessig
Olivenöl

Choriatiki

Die Tomaten je nach Größe vierteln oder achteln, jeden Schnitz dann noch einmal quer halbieren. Die Gurke schälen und in etwa 1 cm dicke Scheiben schneiden, diese noch einmal halbieren. Die Paprika vom Stielansatz und von den Kernen befreien und in schmale Streifen schneiden, die Zwiebel schälen und in feine Scheiben schneiden. Tomaten, Gurken und Zwiebelscheiben portionsweise auf Tellern anrichten, mit Salz und Pfeffer bestreuen, Oliven und den in kleine Würfel geschnittenen und mit Oregano bestreuten Feta-Käse dazugeben. Zum Schluß Essig und Öl nach Geschmack darüberträufeln.

Knoblauchcreme

3 Knoblauchzehen
250 g Feta (Schafskäse)
1 Tasse Olivenöl
Saft von 2 Zitronen
etwas Pfeffer
etwas Minze, Petersilie
oder Kerbel

Variante:
3 Tassen altbackenes, eingeweichtes Weißbrot
2 Tassen gemahlene Walnüsse
3–4 Knoblauchzehen
Salz
1 Tasse Olivenöl
Saft von 1 Zitrone

Zum Servieren:
einige Minzblättchen
nach Belieben einige Blätter Kopfsalat, Oliven, Radieschen

Skordalia
Den Knoblauch fein pressen, den Feta-Käse zerbröckeln und dann beides mit dem Öl, Zitronensaft, Pfeffer und der feingeschnittenen Minze (oder anderen frischen Kräutern) im Mixer zu einer homogenen Creme verarbeiten. Einige Minzblättchen zum Servieren zurückbehalten.
Variante: Das Weißbrot einweichen, dann gut ausdrücken. Brot, Walnüsse und Knoblauch mit etwas Salz im Mixer auf langsamer Stufe pürieren, dabei das Öl und den Zitronensaft nach und nach hinzufügen.
Skordalia gut gekühlt mit Minzblättchen servieren oder mit den Herzblättern vom Kopfsalat, einigen Oliven oder Radieschen dekorativ anrichten.
Es schmeckt besonders gut zu gebratenem Fisch, aber auch zu gebratenen Auberginen.

Die Chalkidikí ist die große Halbinsel, die sich bei Thessaloníki in die Ägäis erstreckt. Sie läuft ihrerseits wieder in drei kleinere Halbinseln aus: Kassándra, Sithonía und Athos, den Heiligen Berg. Die Landschaft der Chalkidikí ist überaus fruchtbar, weite Felder wechseln mit Obstplantagen. Wunderschön sind die Wälder der Chalkidikí. Da und dort hat die Landschaft Wunden und zeugt vom Bergbau, der seit der Antike hier betrieben wird. Große Teile der fruchtbaren Landschaft gehörten früher den Klöstern des Heiligen Berges Athos. Sie wurden nach 1923 enteignet, als Hunderttausende vertriebener Griechen aus Kleinasien in Griechenland aufzunehmen waren. Und die aus Kleinasien Vertriebenen haben natürlich auch ihre Kochrezepte mitgebracht. Vom alten Klosterbesitz zeugen bis heute Namen wie Vatopedi und Panteleimonos, von den neuangesiedelten Kleinasiaten Orte wie Néa Moudania (Neumudania), Néa Plagia, Néa Kalikrátia.

11% vol

Gefüllte Weinblätter

100 g Weinblätter

Für die Füllung:
200 g gemischtes Hackfleisch
50 g Rundkornreis (Milchreis)
1 kleine Zwiebel, kleingeschnitten
Salz
Pfeffer
1 TL Butter

Für die Sauce:
1 Eigelb
Saft von 1/2 Zitrone

Dolmadakia

Die Weinblätter 2 bis 3 Minuten in kochendem Wasser ziehen lassen.

Für die Füllung in einem Topf Hackfleisch, Reis, die Zwiebel, Salz und Pfeffer bei niedriger Hitze mit der Butter gut vermischen. Ein blanchiertes Weinblatt mit der glatten Seite nach unten so auf die Arbeitsfläche legen, daß der Stiel vom Koch wegzeigt. Auf die Blattmitte 1 Teelöffel Füllung geben und den unteren Teil des Blattes fest darüberrollen. Die Seitenteile einschlagen und das Ganze zum Stiel hin fertig zusammenrollen. Einen kleinen Topf mit Weinblättern auslegen, die gefüllten Weinblätter eng nebeneinander hineinlegen (die Blattspitzen zeigen nach unten) und mit heißem Wasser gerade bedecken. Einen möglichst flachen, genau in den Topf passenden Teller auf die Dolmades legen und das Ganze bei mittlerer Hitze (180 °C) für eine Stunde in den Ofen stellen.

Für die Sauce Eigelb und Zitronensaft zu einer Sauce verrühren. Etwa 10 Minuten vor Ende der Garzeit den Teller herausnehmen und die Sauce über die Dolmades gießen.

Kálymnos ist eine Insel des sogenannten Dodekanes. Der Dodekanes liegt unmittelbar vor der kleinasiatischen Küste. Als 1912 die Türkenherrschaft über die zwölf Inseln (griech. dodeka = zwölf) am Südostrand des Ägäischen Meeres endete, gelangten sie unter italienische Herrschaft. Erst 1948 kam der Dodekanes an Griechenland.

Kálymnos ist eine sehr karge Insel. Nur an wenigen Stellen ist Landwirtschaft möglich. Angebaut werden vor allem Orangen und Mandarinen.

Auf Kálymnos erzählen sich die Leute eine Sage: Als die Götter das Land verteilten, hatten die Leute von Kálymnos noch keinen Ort zugewiesen bekommen. Und der oberste Gott Zeus zögerte, ihnen Kálymnos zu geben, diesen Felsen im Meer. Da sagten die Leute von Kálymnos: „Großer Gott Zeus, gib uns diese Insel. Wenn es keine Äcker gibt, dann machen wir uns das Meer zum Acker.“ Viele Jahrhunderte lang haben die Leute von Kálymnos diesen Vorsatz wahrgemacht. Sie haben nach Schwämmen getaucht und diese verkauft. Heute gibt ihnen der Tourismus Arbeit und Brot.

Tzatzíki aus Samos

500 g Joghurt (wenn möglich aus Schafsmilch)
1 Salatgurke
4 Knoblauchzehen
125 g Butter
Salz
1 EL Essig

Den Joghurt in eine Stoffserviette geben und wie einen Beutel aufhängen, damit die Molke abtropft (das dauert etwa 2 Stunden).
Die Gurke schälen und ganz fein schneiden oder mit einer groben Raspel (wie für Rettichsalat) zerkleinern, dabei einige Gurkenscheiben zur Dekoration aufheben. Die zerkleinerte Gurke in ein Sieb füllen und den Saft abtropfen lassen. Den Knoblauch fein hacken oder durchpressen. Die Butter bei niedriger Hitze vorsichtig schmelzen.
Abgetropften Joghurt, Knoblauch, Salz und Essig gut vermischen, die zerkleinerte Gurke daruntergeben und zum Schluß die geschmolzene, nicht mehr heiße Butter einrühren. In eine Schüssel füllen, mit Gurkenscheiben garnieren und in den Kühlschrank stellen, damit das Tzatzíki fest wird.

Es gibt auch andere Möglichkeiten, Tzatzíki herzustellen. Manche geben Minze oder Dill als Gewürz dazu und verwenden anstatt Butter Olivenöl. Mir gefällt dieses Rezept aus Sámos deswegen so gut, weil hier das Tzatzíki eine feste Creme ist, die sich gut aufs Brot streichen läßt.

Wie man griechischen Joghurt selbst herstellen kann:
1 Liter normale Vollmilch aus dem Lebensmittelgeschäft kochen, dann abkühlen lassen, bis sie nur noch lauwarm ist.
1 Eßlöffel griechischen Schafsjoghurt in ein wenig Wasser auflösen und gut mit 1 Tasse der gekochten Milch vermengen.
Die mit Joghurtkeimen infizierte Milch in die restliche lauwarme Milch gießen und gut mit ihr verrühren. Diese Milch in Joghurtgläser füllen und in den noch warmen Backofen stellen (höchstens 40° C). Nach 2 bis 3 Stunden ist der Joghurt fest und schmeckt fast wie griechischer Joghurt.

Auf den Inseln findet man häufig Joghurt mit Honig als leckere Süßspeise. Dabei wird einfach der Honig über den Joghurt geträufelt.

Kichererbsenküchlein

500 g Kichererbsen
1 große geschälte Zwiebel
10 geschälte Knoblauchzehen
1 TL Salz
6 Nelken
10 schwarze Pfefferkörner
3 Scheiben altbackenes Brot
1 mittelgroße Zwiebel
2 EL feingehackte Petersilie
½ TL scharfes Paprikapulver
½ TL gemahlener Koriander
½ TL abgeriebene Muskatnuß

Olivenöl zum Braten

Rewitho keftedes

Die Kichererbsen über Nacht in einem halben Liter Wasser einweichen. Abtropfen lassen. Dann die Kichererbsen in einem Topf mit Wasser bedecken und zusammen mit der großen Zwiebel, dem Knoblauch, Salz, Nelken und Pfefferkörnern köcheln lassen, bis sie weich sind. Den Topf vom Feuer nehmen und erkalten lassen. Die Nelken und Pfefferkörner herausnehmen und die Kichererbsen mit dem Knoblauch und der Zwiebel pürieren. Das Brot einweichen und ausdrücken. Die Zwiebel reiben, das Brot, die Petersilie, Paprikapulver, Koriander und Muskat dazugeben und alles gut vermengen. Aus der Masse kleine Küchlein formen und in Olivenöl von beiden Seiten ausbraten.

Ormylia ist ein himmlischer Ort. Ein Nonnenkloster auf der Chalkidikí. Man fährt durch ein Land, das ausschaut wie die Toskana, kommt durch Haine von Olivenbäumen und steht vor einer Klosterpforte. Freundliche Nonnen begrüßen mich, führen mich in das Gästehaus, heißen mich Platz nehmen. Eine Nonne bringt Kaffee, Süßigkeiten und Wasser. Ich erzähle. Vater Serapion, der geistliche Vater der Nonnen, fordert mich auf, die Bauarbeiten zu bewundern. Vor zehn Jahren war hier nichts als ein Herrenhaus aus dem vergangenen Jahrhundert. Ein riesiges Kloster ist inzwischen entstanden: 120 Nonnen, 40 Novizinnen. Eine Kirche ist im Bau, eine „trapéza" – ein Speisesaal, Werkstätten. Die Nonnen malen Ikonen und sticken Paramente, liturgische Gewänder. Sie haben glückliche Gesichter und strahlende Augen. Von ihrem erfüllten Leben geben sie weiter an die Besucher. Männer und Frauen aus allen Teilen Griechenlands kommen, um ihren Rat zu holen. Ich werde zum Mittagessen eingeladen. Die Suppe steht auf dem Tisch, dazu frisches Brot, Oliven, Salat, Wein, Wasser. Das Tischgebet. Dann kommen gebackene Kartoffeln und „keftedes", Fleischküchlein. „Nanu?" denke ich. Diese Nonnen essen nie Fleisch, aus Rücksicht auf das Tier, den Bruder des Menschen in der Schöpfung. Aber diese Fleischküchlein sind gar keine. Als ich sie mit der Gabel durchtrenne, merke ich es. Es sind tatsächlich Kichererbsenküchlein. Und sie schmecken mir wunderbar.

Kiupi
KALTGEPRESST
GRIECHISCHES ERZEUGNIS
NETTO
INHALT
0,5 lit

Scharfe Käsecreme

Eine Reise nach Kreta wäre unvollständig ohne wenigstens einem kurzen Besuch in Knossós. Natürlich, Knossós gehört in Europa nach dem Vatikan, dem Parthenon und der Alhambra zu den am meisten besuchten Sehenswürdigkeiten. Man kann zu den Rekonstruktionen stehen, wie man will. Sie vermitteln ein eigenartiges Flair von Vorvergangenheit, von einer Zeit vor mehr als 3000 Jahren, als hier Götter und Menschen einander begegnet sind.
Ich hatte Knossós besucht und war nun einfach hungrig und durstig. Ich fuhr mit meinem Auto nach Südosten in die niedrigen Berge Mittelkretas, wo jeder Zentimeter fruchtbar ist. Löß! Das beste an fruchtbarer Erde. Und dann kam ich in ein Dorf. Griechische Dörfer schlafen um die Mittagszeit. Ohne große Hoffnung setzte ich mich vor die Taverne an dem kleinen Platz. Eine ältere Griechin, offenbar die Wirtin, nahm meine Bestellung entgegen: Ouzo und „mesedes“. Unter den Mesedes war eine aufregende Käsecreme, leicht rosa und scharf. Ich fragte die Wirtin, wie das heißt. „Chtipiti“, sagte sie stolz und lächelte dabei zum ersten Mal.

150 g Feta (Schafskäse)
etwas Essig
etwas Olivenöl
1 gestrichener TL Paprikapulver (scharf)
2 Knoblauchzehen

Chtipiti

Feta-Käse in einer Schüssel mit der Gabel zerdrücken. Essig und Öl dazugeben und so lange rühren, bis eine feine Creme entsteht. Die Käsecreme zum Abschluß mit Paprikapulver und dem durchgepreßten Knoblauch würzen.

GREEK DISTILLERIES

AUBERGINENPÜREE

2–3 Auberginen
½ Tasse Olivenöl
2 Knoblauchzehen
Salz
etwas Zitronensaft

Melitzanosslata

Die Auberginen waschen und mit einem spitzen Messer leicht einritzen, damit sie beim Backen nicht platzen. Bei mittlerer Hitze (180 °C) für etwa 45 Minuten in den Backofen geben, bis sie weich sind.

Dann die Auberginen der Länge nach halbieren. Mit einem Holzkochlöffel das Fleisch entnehmen und zusammen mit dem Olivenöl, den geschälten und durchgepreßten Knoblauchzehen, Salz und Zitronensaft in einem Mixer so lange schlagen, bis eine feine Creme entsteht. Früher verwendete man für diese Arbeit einen Mörser.

Eines Abends, in Thessaloníki, fragte mich der freundliche Kassierer des Hotels, Alex, ob ich eigentlich „Wulfs Grill“ (oder so) kenne. Voller Entrüstung sagte ich nein, aber die Neugier siegte. Eine Viertelstunde später saß ich dort, hatte mir wunderbare Sachen an der Theke ausgesucht. Und siehe da, alles schmeckte hervorragend. Am besten aber der „melitzanossalata“. Und ich überlegte mir, wer eigentlich die Leute von „Wulfs Grill“ waren. Ich fand zwei Möglichkeiten. Entweder es ist ein jüdisches Restaurant, und das wäre kein Wunder in einer Stadt wie Thessaloníki, wo es bis 1944, bis zur Deportation der Juden, eine große sephardische Kolonie gegeben hatte. Oder es handelte sich um Vertriebene aus Kleinasien, wo man in der Küche alle Impulse des östlichen Mittelmeers aufgenommen hat. Und so war es denn auch. Der Vater des heutigen Wirts war 1923 aus Smyrna vertrieben worden.

Was war das Besondere dieses Auberginenpürees? Es hat ein ganz klein wenig angebrannt geschmeckt. So muß das nämlich sein.

Eingelegte Paprika

500 g längliche rote Paprika
2 Knoblauchzehen
4 EL Olivenöl
2 EL Essig
Salz

Piperies florines kokkines

Paprika waschen und halbieren, Strunk und Kerne entfernen. Ein Blech mit Alufolie auslegen und die Paprikahälften mit der Wölbung nach oben unter dem Grill oder im sehr heißen Backofen so lange braten, bis sie Farbe angenommen haben.
Mit einem feuchten Tuch bedecken und ein wenig abkühlen lassen, dann die Haut abziehen und die Paprika in eine Schüssel legen. Die geschälten und zerdrückten Knoblauchzehen mit Öl, Essig und Salz gut verrühren und über die Paprika geben. Die Schüssel für einige Stunden zum Durchziehen in den Kühlschrank stellen.

Warum diese Paprika, die so wunderbar schmecken, „flórina“ heißen, weiß ich nicht. Ich kann nur annehmen, daß eine Hausfrau in Flórina beim Überlegen, wie sie sich für den kalten Winter mit Paprika versorgen könnte, auf diese Art der Konservierung verfallen ist. Irgendwann bin ich einmal durch Flórina gefahren. Ein seltsam schönes kleines Städtchen, umgeben von ganz „ungriechischem“ Wald. Und beim Weiterfahren ist es noch viel ungriechischer geworden, am See von Kastoría. Beide Orte, Flórina und Kastoría, liegen in den Bergen. Zum Bergsteigen und Jagen geht man nach Flórina, und in Kastoría kauft man Pelze. Im vorigen Jahrhundert wurden dort Biber gezüchtet. Übriggeblieben ist die Pelzverarbeitung. Aber davon spricht man heute ja besser nicht, obwohl man auf 1500 Meter Höhe schon etwas wärmere Kleidung vertragen kann. Der See von Kastoría hat mich an den Titisee erinnert oder an den Schluchsee. Nebelfetzen trieb der Wind darüber, und es war kalt. Wenn ich mich recht erinnere, war es Mai, und drunten in Thessalien blühten die Bäume.

ZWIEBELSTIFADO

1 kg Perlzwiebeln
500 g reife geviertelte Tomaten
1–2 Lorbeerblätter
4 EL Essig
2–3 geschälte Knoblauchzehen
1 kleines Stück Zimt
2–3 schwarze Pfefferkörner
½ Tasse Olivenöl

Kremmidakia stifado
Die Perlzwiebeln schälen (das geht leicht, wenn sie kurz in kochendes Wasser getaucht werden) und zusammen mit allen Zutaten in einen Kochtopf geben. Die Zwiebeln bei mittlerer Hitze je nach Größe so lange kochen, bis sie weich sind. Sie schmecken kalt und warm.

Es war August und ich war mit meinem Freund Georgios auf Kreta unterwegs. Ganz im Westen, in jenem Teil der Insel, der Kíssamos heißt. Wir kamen durch ein kleines Dorf. In einem Schuppen saßen die Bewohner vor einem riesigen Berg Zwiebeln und banden sie zu Zöpfen, genauso wie es die Bauern in der Rheinebene machen. Nur daß sie eben gemeinsam arbeiteten. „Oh", sagte Georgios, „ich muß schnell dem Pfarrer Grüß Gott sagen. Er ist ein Schüler von mir." Georgios stieg aus und watete durch die Zwiebeln auf einen etwas fülligeren jungen Mann zu, der mitten unter den Dorfbewohnern saß. Er trug den hellblauen „rasso", die Sommersoutane orthodoxer Pfarrer. Stürmische Begrüßung, und dann kamen sie auch schon auf das Auto zu, Georgios und Vater Jannis. Wir mußten mit ihm fahren zu seinem Haus und einen „tsíkoutia" trinken, den kretischen Bauernschnaps. Die Frau des Pfarrers brachte Mesedes-Herrlichkeiten aus eigener Erzeugung: Chtipiti, Flórina, Tzatzíki, Melinsanasalata und Zwiebelchen in einer rotbraunen Sauce. Natürlich wollte ich wissen, wie man die Zwiebelchen in ihrer orientalisch schmeckenden Sauce herstellt. Und die „papadia", so heißt auf dem Dorf die Frau des Pfarrers, hat mir das Rezept verraten.

LIVENOEL
SUPER
NISSA
AUS
GRIECHENLAND
1 LITER

Oktopus in Rotwein

1 Oktopus (2–3 kg)
1 Tasse Rotwein
1 Tasse Essig
5–6 schwarze Pfefferkörner
2–3 Lorbeerblätter

Chtapodi krasato

Den küchenfertigen Oktopus waschen, mit allen Zutaten in einen Topf geben und etwa 1 bis 1½ Stunden weich kochen. Dann in mundgerechte Stücke zerteilen, in eine Schüssel geben oder zur Aufbewahrung in Schraubgläser füllen. Die Stücke mit dem Sud übergießen, der beim Erkalten geliert.

Die kalten säuerlichen Oktopusstücke schmecken als sommerliche Delikatesse wunderbar zu Wein und Brot. In Schraubgläsern bleibt der Oktopus im Kühlschrank einige Tage frisch.

Wir kamen von Delphi herunter, wollten am Meer essen. Aber die Tavernen waren geschlossen. Es war zwischen zwölf und ein Uhr am Mittag. Kein Grieche geht um diese Zeit essen. Wir fuhren weiter. Und dann kamen wir an eine kleine Taverne, direkt zwischen Straße und Meer. Wir traten ein. Es war niemand da. Auch unser Rufen brachte kein Ergebnis. Dann sahen wir hinter dem Haus an einer kleinen Betonmauer einen Mann, der eine Krake bearbeitete. Immer wieder schlug er sie auf den Beton. Ich ging näher, grüßte und fragte, ob er etwas für uns zu essen hätte. „Natürlich", sagte er. „Kommt herein. Mein Oktopus ist jetzt ohnehin fertig." „Was hast Du denn damit gemacht", fragte ich. „Er muß hundertmal geschlagen werden, damit er beim Kochen weich wird." Und dann ging er vor uns her in seine kleine Taverne. Er brachte uns Teller, Besteck, Brot und Ouzo. Und auf einem Teller Oktopus in Wein. Das lange Suchen hatte sich gelohnt. Übrigens: Wenn der Oktopus tiefgefroren war, braucht man ihn nicht zu schlagen.

FISCHROGENCREME

250 g weißer oder roter Fischrogen
1 TL kochendes Wasser
4 Scheiben Weißbrot
¼ Liter Olivenöl
Saft von 5 Zitronen

Taramas
Den Fischrogen nach Möglichkeit in einem hölzernen Mörser mit dem kochenden Wasser gut vermischen. Das Brot einweichen, dann in kleinen Stücken hinzufügen und alles zu einer homogenen Masse vermengen. Unter ständigem Rühren das Öl langsam dazugeben, anschließend ebenso vorsichtig den Zitronensaft. Die Masse darf nicht gerinnen. Die Creme noch 5 bis 10 Minuten rühren und kühl stellen. Taramas wird kalt serviert.

Eines Tages wollte ich endlich einmal wissen, wie es eigentlich östlich der Chalkidikí weitergeht. Ich fuhr an einem endlosen Strand entlang. Menschenleer. Immer weiter nach Osten. Ich kam in eine Stadt, Kavála. Und dann war es höchste Zeit zum Umkehren, zum Zurückfahren nach Thessaloníki ins Hotel. Ein paar Kilometer von Kavála entfernt wies ein Schild in eine Schlucht. „Zu den warmen Quellen" stand da. Wo sich die Schlucht verbreiterte, stand ein kleines altmodisches Kurhaus. Ich habe die warme Quelle geprüft, und ich bin im Kurhaus eingekehrt. Auf der Theke stand eine Schüssel mit rosafarbener Creme neben Tzatzíki und Auberginenpüree. „Afto", sagte ich, „vor allem davon", weil ich sie doch schon so lange probieren wollte. Und so habe ich sie kennengelernt, die „taramas". Köstlich hat sie geschmeckt. Und seitdem bestelle ich stets Fischrogencreme, wenn ich Mesedes, Vorspeisen, bestelle. Am allerbesten allerdings ist sie, wenn ich sie selber mache. Ich bestelle den Fischrogen einige Tage vorher beim Fischhändler oder im Feinkostgeschäft.

Weisse Bohnensuppe

4 Tassen getrocknete weiße Bohnen
4–5 Zwiebeln
3–4 Karotten
1 Sellerieknolle
Selleriegrün
2–3 Knoblauchzehen
4–5 pürierte Tomaten
1½ Tassen Olivenöl
Salz
frisch gemahlener Pfeffer

Übrigens:
Man beachte die griechische Art, die trockenen weißen Bohnen ohne das bei uns übliche Einweichen zubereitungsfertig zu machen.

Fasolia soupa

Die getrockneten Bohnen mit Wasser bedecken und ohne Salz kurz kochen lassen. Abtropfen lassen und die Bohnen erneut in einen Topf mit so viel Wasser geben, daß sie gerade bedeckt sind. Sobald sie noch einmal aufgekocht haben, vom Feuer nehmen und in dem heißen Wasser eine Stunde stehenlassen.
In der Zwischenzeit das Gemüse putzen und kleinschneiden. Die Bohnen abgießen (dabei das Bohnenwasser auffangen) und abtropfen lassen, mit dem Gemüse und den pürierten Tomaten vermengen, in einen Topf füllen, das Öl dazugeben, alles mit Wasser (dazu das Kochwasser der Bohnen verwenden) bedecken und so lange kochen, bis das Gemüse zerfällt. Mit Salz und Pfeffer abschmecken.

Es ist zwischen zwölf und ein Uhr mittags, wenn man endlich mit dem Bus in Karyés, der Hauptstadt des Heiligen Berges, ankommt. Beim Aussteigen scheiden sich die Passagiere. Die Mönche mit ihren bunten Wolltaschen machen sich auf den Weg in ihre Klöster, und dann bleibt ein Grüpplein von vielleicht einem Dutzend weltlicher Besucher übrig. Die meisten sind Griechen. Sie müssen zur Mönchsregierung gehen und den Athos-Paß abholen, der ihnen den Aufenthalt in der Mönchsrepublik erlaubt. Nach einer halben Stunde hat man ihn – vielleicht – , und dann habe ich Hunger. Oder soll ich es offen zugeben, dann habe ich Lust auf die feinste Suppe, die ich das Jahr über bekomme: die Bohnensuppe in der kleinen, schmuddeligen Taverne von Karyés. Es gibt sie immer. Jedesmal, wenn ich in den letzten zehn Jahren auf den Heiligen Berg gekommen bin, hatte der Wirt mit seinem Stachelbart Bohnensuppe gekocht. Retsína trinke ich dazu und esse einen Kanten hartes Brot. Dann erst mache ich mich auf den Weg zu „meinem“ Kloster. Der Wirt stammt übrigens aus Nordgriechenland, aus der Gegend von Kozáni.

№1 στον Κόσμο
Ρετσίνα
ΚΟΥΡΤΑΚΗ
11 % Vol
500 ml

Kichererbsensuppe
Tomatensuppe

KICHERERBSENSUPPE
500 g Kichererbsen
Salz
1–2 EL Natron
3 Zwiebeln
1 Tasse Olivenöl
Saft von 1 Zitrone

TOMATENSUPPE
3 kleingeschnittene Frühlingszwiebeln
½ Tasse Olivenöl
2 kleine Zucchini
1 kg reife geviertelte Tomaten
4 geschälte und geviertelte Kartoffeln
1 Zweig Selleriegrün
Pfeffer
Salz
1 Prise Zucker
2 Lorbeerblätter
2 Knoblauchzehen

Zum Servieren:
Croûtons
Petersilie
süße Sahne nach Belieben

KICHERERBSENSUPPE
Soupa me rewithia
Die Kichererbsen über Nacht in Wasser, dem eine Handvoll Salz beigefügt wurde, einweichen. Am folgenden Tag die Kichererbsen abtropfen lassen, in einem Topf mit Wasser gerade bedecken, das Natron hinzufügen und einmal aufkochen. In ein Sieb schütten und mit kaltem Wasser abspülen. Dann die Kichererbsen in heißes Wasser geben und sie dort mit den Händen reiben, bis sie ihre Häute verlieren. Die Zwiebeln reiben und in Öl dämpfen, die enthäuteten Kichererbsen dazugeben, mit Wasser bedecken und salzen. So lange kochen, bis die Kichererbsen weich sind. (Bei Kichererbsen aus der Dose entfällt die ganze Vorbereitung.) Vor dem Servieren noch reichlich Zitronensaft unter die Suppe rühren.

Das Schönste, was die Türken auf dem Balkan hinterlassen haben, sind ihre Brücken, auch in Griechenland. Immer wieder trifft man diese fast musikalisch schönen Gebilde. Oder waren es byzantinische Baumeister, die in Diensten der Türken gebaut haben, von Mostar (sie ist nur noch Erinnerung) bis Arta?

TOMATENSUPPE
Tomatosoupa
Die Zwiebeln in Öl anschwitzen, die Zucchini in dünne Rädchen schneiden und dazugeben, wenig später die Tomaten und die Kartoffeln. Das Ganze 10 Minuten dämpfen, dann mit 1½ Liter Wasser aufgießen. Das gehackte Selleriegrün dazufügen, mit Pfeffer, Salz und Zucker würzen, die Lorbeerblätter und den Knoblauch dazugeben. Die Suppe zugedeckt etwa 40 Minuten köcheln lassen. Die Lorbeerblätter entfernen und die Suppe durchpassieren. Mit Croûtons (in Butter gerösteten Weißbrotstückchen) und mit kleingehackter Petersilie bestreuen und heiß servieren. Nach Geschmack mit ungesüßter Schlagsahne garnieren.

Wir fuhren über Kíssamos, am Hafen vorbei hinauf auf die Berge. Unter uns, tief unten am Meer, sahen wir eine weite, nach Westen offene Ebene. Die letzten Sonnenstrahlen spiegelten sich in zahlreichen Gewächshäusern. Da werden Tomaten gezogen. Unter kretischer Sonne ohne Heizung und ohne Hydrokultur, aber weit früher reif als irgendwo sonst in Europa.

Gemüsesuppe mit Tachinisauce

Für das Tachini:
$1/2$ Tasse Sesamsamen
$1/2$ Tasse Zitronensaft
2 Knoblauchzehen
Pfeffer

Für die Suppe:
2 mittelgroße Karotten
1 gehäutete Aubergine
1 Handvoll Weißkraut
2 grüne Paprika
etwas Sellerie (Knolle und Blätter)
3 mittelgroße Kartoffeln
1 Stange Lauch
3 mittelgroße Zucchini
1 Bund Dill
1 Bund Petersilie
3 Tassen Suppennudeln
Salz
Pfeffer
3 EL Tachini (siehe oben)
Saft von 1 Zitrone
nach Belieben 2 EL Mais- oder Kartoffelmehl

Tachinosoupa

Für das Tachini alle Zutaten im Mixer mit einer Tasse kaltem Wasser verrühren und zu einer Creme schlagen.

Für die Suppe das Gemüse putzen und in kleine Würfel schneiden, die Kräuter kleinhacken und alles in reichlich Wasser weich kochen. Gegen Ende der Kochzeit die Suppennudeln dazugeben und mit Salz und Pfeffer würzen. Tachini mit Zitronensaft und etwas Wasser unter ständigem Schlagen mit dem Schneebesen verdünnen. Sobald die Suppennudeln weich sind, die Suppe vom Feuer nehmen und vorsichtig mit dem Tachini mischen. Nach Belieben die Suppe mit in Wasser gelöstem Mais- oder Kartoffelmehl binden.

Es war in der zweiten oder dritten Fastenwoche. Wir waren auf Chíos und kamen am Mittag durch ein kleines Dorf. Der Wirt führte uns in die Küche und sagte: „Ich hab' nicht viel. Eigentlich nur das, was wir selber essen. Es sind ja noch keine Touristen da. Natürlich kann ich Dir ein Schnitzel machen. Ich hab Fleisch im Kühlschrank." Ich sagte: „Laß mich das essen, was Ihr eßt." Er sagte: „Es ist Fastenzeit. Wir essen nur Tachinisuppe. Du kannst noch einen Salat haben und etwas Käse." So haben wir die Tachinisuppe kennengelernt: eine Gemüsesuppe, ohne Fleisch, in die als Würze und Beikost ein Löffel Tachini gegeben wird. Mir hat sie geschmeckt.

Fleischsuppe

7–8 Rinderknochen (darunter einige Markknochen)
2 kg Rindfleisch (Suppenfleisch, z.B. Hochrippe, nicht zu mager)
4 Karotten
1 kg Zwiebeln
1 kleine Sellerieknolle
1 kg Kartoffeln
1 Bund Petersilie, feingehackt
Salz
1 Tasse Reis
Pfeffer
6 Eier
1 Zitrone

Kreatosoupa

Die Knochen mit dem Fleisch in 2½ Liter Wasser aufsetzen und kochen, bis das Fleisch weich ist. Dabei regelmäßig abschäumen. Die Knochen entfernen, das Mark, soweit vorhanden, in die Suppe geben. Das Fleisch in kleine Stücke schneiden und beiseite stellen.

Karotten, Zwiebeln, Sellerie und Kartoffeln putzen, schälen, kleinschneiden und in die Brühe geben, Petersilie und Salz hinzufügen. Die Suppe köcheln lassen, bis das Gemüse weich ist. Eventuell noch etwas Wasser aufgießen. Den Reis hineingeben und weitere 20 Minuten köcheln lassen, bis der Reis weich ist. Die Suppe vom Feuer nehmen und das Fleisch wieder hinzufügen. Mit Pfeffer abschmecken.

Die Eier trennen. Zunächst das Eiweiß schlagen, dann die Eigelbe. Beides gut miteinander vermischen und den Zitronensaft tropfenweise zugeben. Zum Schluß etwas durchgesiebte Fleischbrühe darunterrühren. Diese Mischung nun vorsichtig mit der Suppe verrühren. Die Suppe durch die Eier etwas binden lassen und dann servieren.

Weißt Du", sagte ich zu Käthi, der Frau meines Freundes Georgios aus Thessaloníki, „weißt Du, was mir in der griechischen Küche fehlt?" „Nein", sagte Käthi, „es kann Dir nichts fehlen, denn unsere Küche ist die beste überhaupt." „Aber wie steht es mit einer schönen Fleischsuppe, einer Fleischsuppe, so wie sie bei uns im Schwarzwald am Samstag gemacht wurde? Mit Ochsenfleisch, Knochen, Gemüse und Suppennudeln oder Flädle oder von mir aus auch Reis." „Aber natürlich", sagte Käthi. „Bei uns daheim in Kavála, da kochen wir eine kräftige Fleischsuppe, so wie Du sie beschreibst." Und von Käthi habe ich dieses Rezept.

Reissuppe mit Ei-Zitronen-Sauce

1 EL Mehl
1 EL Butter
6 Tassen Hühnerbrühe
6 EL Rundkornreis
2 Eier
Saft von 1 Zitrone

Soupa me rizi awgolemono

Das Mehl in der Butter goldgelb schwitzen, die lauwarme Hühnerbrühe vorsichtig unter ständigem Rühren mit dem Schneebesen hinzufügen und aufkochen lassen. Den Reis waschen und in die nun gebundene Suppe geben. Gut umrühren. Die Suppe noch einmal aufkochen lassen, vom Feuer nehmen und zugedeckt 20 Minuten stehenlassen, bis der Reis weich ist.

Die Eier schlagen und vorsichtig mit dem Zitronensaft vermischen. Ein wenig von der Brühe löffelweise unter das Ei-Zitronen-Gemisch rühren und diese Sauce dann in die Suppe gießen. Umrühren und heiß servieren.

Wir kamen von Athen herauf und waren unterwegs zu den Metéora-Klöstern. Kurz vor Lamía passiert die Autobahn Athen-Thessaloníki die Thermopylen, uns aus den Geschichtsbüchern bekannt. An dieser Stelle haben 300 Spartaner unter Führung ihres Feldherrn Leonidas das gewaltige Perserheer aufgehalten. Nur durch den Verrat eines Griechen, der eine persische Kommandoeinheit über die Berge in den Rücken der Spartaner führte, sind sie gefallen, Mann für Mann. Wir halten an, und auf den ersten Blick erscheint die Geschichte unwahrscheinlich. Dann wird es klar. Vor zweieinhalbtausend Jahren reichte das Meer bis an die Berge, die sich links von uns erheben. Wir steigen auf einen kleinen Hügel und da ist sie schon, die Gedenkplatte mit der berühmten Inschrift: „Wanderer, kommst Du nach Sparta, verkündige dorten, Du habest uns hier liegen gesehen, wie das Gesetz es befahl." Und dann sehen wir auch die Enge, die links von dem Hügel über die steilen Berge führt, und die in der Tat wenige Männer sperren konnten. Es ist noch früh im Jahr und die Nacht kommt schnell und die Kühle. In Lamía kehren wir ein. Eine heiße Suppe tut uns gut.

ANTALI

Fisch, Schalen- und Krustentiere

Garnelen in Knoblauchöl

500 g tiefgefrorene, geschälte Garnelen
Salz
5 EL Olivenöl
2–4 Knoblauchzehen
½ Glas Weißwein
Pfeffer
2 EL kleingehackte Petersilie
nach Belieben etwas Zitronensaft

Garídes
Die tiefgefrorenen Garnelen in kochendes Salzwasser geben. Nach dem Aufkochen in einem Sieb gut abtropfen lassen. In einer Pfanne Öl erhitzen und die abgetropften Garnelen 3 bis 4 Minuten darin dämpfen. Den Knoblauch kleinhacken, hinzufügen, dann den Wein dazugießen. Wenn der Saft eingekocht ist, die Garnelen vom Feuer nehmen, mit Salz und Pfeffer würzen und kleingehackte Petersilie darübergeben. Nach Belieben etwas Zitronensaft hinzufügen.

Wo eine der wenigen fruchtbaren Ebenen der Insel in einen Sandstrand ausläuft, fand ich die Fischtaverne. Sie war offenbar nur eine Sommerangelegenheit. Die Tische standen auf einem uralten Kai und gekocht wurde in einer Hütte, deren Wellblechdach mit Schilfmatten verlängert war. Ein Radio quäkte Volksmusik und ich bestellte Garnelen in Knoblauchöl und eine Flasche Retsína dazu und weißes Brot. Ich konnte verfolgen, wie der Koch die Garnelen zubereitete, und während der Wind den Knoblauchduft zu mir herüberwehte, wurde ich immer hungriger. Dann standen sie endlich vor mir. Es war eine Tonpfanne mit Stiel und in dem goldgelben Öl lagen braun und rösch die Garnelen. – Es wird schnell dunkel in der Ägäis. Bunte Lichter wurden angezündet. Die jungen Männer tanzten, die Mädchen klatschten ihnen zu. Und dann kam ein merkwürdiger Tanz, bei dem der Vortänzer zunächst gewaltige Sprünge und Drehungen machte, um an einer bestimmten Stelle sich zusammenzukrümmen, sich an einem imaginären Stock mit sichtlich gelähmten Beinen schrittchenweise fortzubewegen, dann wieder die Sprünge, Ausdruck von Gesundheit und Lebenskraft, und dann wieder die Darstellung einer Behinderung. So hatte ich sie in der Stadt gesehen, in den Tavernen am Hafen, bei vielen Männern. Ich fragte den Kellner, was das sei. „Es sind Schwammtaucher", sagte er, „morgen fahren sie aus. Und sie tanzen den Tanz der Taucherkrankheit, das, was ihnen droht, was ihr Schicksal sein kann." Es war auf Kálymnos vor etwa zehn Jahren, zu einer Zeit, als es wenigstens vor der Küste von Tunesien noch Schwämme gab.

ΚΟΥΡΤΑΚΗ
Ρετσίνα

Tintenfische mit Tomaten

Es war schon dunkel und ziemlich kühl, als Paul und ich mit dem Bus in Ouranópoli ankamen. Am darauffolgenden Morgen wollten wir mit dem Schiff zum Berg Athos fahren. Wir schlenderten durch Ouranópoli und fanden eine „psarotaverna", eine Fischtaverne, mit dem Namen „Vasiliki Kokinou". Wir kehrten ein und aßen Tintenfische in Tomaten mit Weißbrot und einem Salat.

1 kg Tintenfische (Kalamares)
4 geschälte Zwiebeln
2 geschälte Knoblauchzehen
½ Tasse Olivenöl
4 Paprika
4 weiche Tomaten
1 Bund Petersilie, kleingehackt
3 Lorbeerblätter
5 Nelken
½ Tasse Weißwein
Salz
Pfeffer

Kalamarakia me tomata

Die Tintenfische waschen, Augen und Gerüstteile entfernen. Die Arme in kleine Stücke, die Körper in Ringe schneiden. Die Zwiebeln kleinschneiden, den Knoblauch durchpressen und beides in dem Olivenöl erhitzen. Die geputzten und in Streifen geschnittenen Paprika und die Tintenfische dazugeben und alles einige Minuten dämpfen.

Die Tomaten häuten und zusammen mit der Petersilie, den Lorbeerblättern, Nelken und dem Wein dazugeben, mit Salz und Pfeffer würzen und so lange köcheln, bis die Tintenfische und das Gemüse weich sind und die Sauce eindickt.

SANTORINI
SANTORINI
1993
BOUTARI
12,5 %

Garnelen aus dem Ofen

1 EL Essig
1 kg Garnelen
2 Tomaten
150 g Butter
1 Prise Zucker
Salz
Pfeffer
250 g Feta (Schafskäse)

Garídes sto fourno

In einer Kasserolle 1 Tasse Wasser und den Essig zum Kochen bringen und die gewaschenen Garnelen hineingeben. Ein- bis zweimal aufkochen und dann wieder herausnehmen.

Die Tomaten kleinschneiden und in 50 g Butter dämpfen. Zucker, Salz, Pfeffer und ein wenig Garnelensud dazugeben. Das Ganze so lange köcheln, bis eine sämige Sauce entsteht, die sehr kräftig im Geschmack ist.

Die Garnelen schälen und in ein mit Butter eingefettetes Tapsi (oder eine Auflaufform) setzen. Die Tomatensauce darübergießen und das Ganze mit zerbröseltem Feta-Käse bestreuen. Zuletzt die restliche Butter daraufgeben. Das Gericht bei mittlerer Hitze im vorgeheizten Ofen 10 Minuten backen.

Marineinfanteristen hatten die wundertätige Ikone der Mutter Gottes, die oberste Befehlshaberin der griechischen Marine, von der Wallfahrtskirche über der Stadt hinuntergetragen an den Hafen. Erzbischöfe, Bischöfe, Mönche und Nonnen gaben der Ikone das Geleit. Mehrere tausend Pilger, die aus ganz Griechenland nach Tínos gekommen waren an diesem 15. August, auf die Insel zur Mutter Gottes, ließen die Ikone über sich hinwegtragen zur Erfüllung ihrer Wünsche, zur Beendigung ihrer Sorgen und ihrer Nöte. Viele Frauen waren am Vortag schon auf den Knien vom Hafen zum Heiligtum hinaufgestiegen. Als alles vorbei war, brachten die Marineinfanteristen die Ikone wieder zurück in die Kirche. Und die Pilger verteilten sich in die Restaurants und Tavernen. Keine Chance für mich, am Hafen etwas zu essen zu bekommen. Ich ging zurück zum Hotel, einem modernen Hotel für vornehmlich deutsche Touristen, und rechnete damit, Schnitzel und Pommes frites essen zu müssen. Am Eingang stand Evangelos, der freundliche Lehrer aus Athen, mein Begleiter, und sagte: „Ja, wo bleibst Du denn? Ich habe Hunger. Ich kenne eine kleine Psarotaverna auf der anderen Seite der Insel, da sind bestimmt keine Pilger." Dort gab es Garnelen aus dem Ofen.

ΑΤΤΙΚΟΣ
White dry wine
1991
ΔΩΔΩΝΗ ΦΕΤΑ

Oktopusstifado

1 Oktopus (etwa 1,5 kg)
Salz
1 Tasse Öl
1 Tasse Weinessig
1,5 kg geschälte Perlzwiebeln
3–4 geschälte Knoblauchzehen
3–4 Lorbeerblätter
5 Nelken
1 Tasse grüne Oliven
Pfeffer

Chtapodi stifado

Den Oktopus gründlich waschen und in Salzwasser weich kochen. Nach dem Kochen den Oktopus 5 bis 6 Stunden ruhen lassen. Anschließend kleinschneiden und in einer Kasserolle mit Öl, Essig, Zwiebeln, Knoblauch, Lorbeerblättern und Nelken köcheln, bis die Zwiebeln weich sind. Dann die Oliven dazugeben und das Ganze noch einmal kurz aufkochen. Mit Salz und Pfeffer abschmecken.

Oktopusstifado habe ich zum ersten Mal im Hafen von Chaniá gegessen, hinten, bei den tonnenförmigen Gebäuden des venezianischen Arsenals. Da gibt es zwei, drei Fischtavernen. Und, wie das in Griechenland üblich ist, natürlich frühestens ab 21 Uhr überhaupt etwas zu essen. Die Taverne war schon geöffnet, aber nur die Kellner saßen an einem Tisch, tranken und diskutierten die neuesten politischen Entwicklungen in der Ägäis. Die Stühle waren immerhin schon von den Tischen genommen, aber diese wurden eben erst vom jüngsten der Kellner gedeckt, wobei er sich keinesfalls daran hindern ließ, an der Diskussion teilzunehmen. Wir, meine Tochter Gudrun und ich, nahmen Platz, aber es tat sich nichts. Schließlich teilte uns einer der Kellner mit, daß es noch keine Fische gäbe, weil das Boot mit den Fischen frühestens um halb zehn vom Fang zurückkomme. „Aha", sagte ich, denn das leuchtete mir ein und versprach fangfrische Fische. „Können wir denn etwas zu trinken haben", fragte ich. „Ja, natürlich", war die Antwort, „was wollt Ihr? Bier?" Ich bestellte Wein, einen bestimmten Markenwein aus der Gegend von Knossós, den ich sehr mag, und dann fragte ich ihn, ob er nicht ein kleines Mese habe. „Du kannst Oktopusstifado haben, das ist fertig." Also bestellte ich Oktopusstifado, was ich nicht bereute. Bis der Fisch kam, hatten wir doch glatt noch eine weitere Portion gegessen.

Gefüllte Kalamares

1 kg Kalamares
1 geschälte Zwiebel
1 Tasse Olivenöl
1 Bund Petersilie, gehackt
1/2 Flasche Weißwein
500 g reife zerkleinerte Tomaten (oder 1 Dose passierte Tomaten)
Salz
Pfeffer
Nelkenpulver
50 g Pinienkerne
1/2 Tasse Rundkornreis

Olivenöl zum Braten
Butter für die Form
Saft von 1 Zitrone

Kalamaria jemista
Die Kalamares waschen. Tinte, Augen und Gerüst entfernen. Die Arme abtrennen und kleinschneiden. Die Zwiebel kleinhacken, in Öl dämpfen, dann die Petersilie, die Arme, 1 Tasse Wein und die Hälfte der Tomaten dazugeben. Mit Salz, Pfeffer und Nelkenpulver würzen. Das Ganze bei kleiner Hitze dünsten, bis die Arme gar sind. Zum Schluß die Pinienkerne und den gewaschenen Reis hinzufügen. Die Masse noch etwa 10 Minuten köcheln, bis der Reis gar, aber noch ziemlich bißfest ist.
Nun die Kalamares vorsichtig mit einem Teelöffel füllen und mit einem Zahnstocher verschließen, damit sie beim Braten nicht aufgehen. In heißem Öl auf allen Seiten braten, bis sie Farbe bekommen. In ein ausgebuttertes Tapsi (oder eine Auflaufform) dicht nebeneinanderlegen, mit dem restlichen Wein und dem Zitronensaft übergießen. Die restlichen Tomaten darübergeben und die Kalamares bei mittlerer Hitze für etwa 20 Minuten in den Backofen stellen.

Der Bischof von Kálymnos und Léros hatte meinen Freund Georgios und dessen Frau zum 6. Januar, dem Fest der Erscheinung des Herrn und der Taufe Christi im Jordan, nach Kálymnos eingeladen. Georgios nahm mich mit. Der Bischof zeigte uns seine Insel, und er nahm uns am Morgen des 6. Januar mit zur Weihe des Meeres. Dabei wirft der Bischof ein silbernes Kreuz in das Wasser des Hafens und gut ein Dutzend junger Männer springen dem Kreuz nach, um es wieder heraufzubringen. – Wir waren am 5. Januar auf Kálymnos angekommen. Am Abend waren wir Gäste des Erzbischofs. Als ersten Gang gab es gefüllte Kalamares. Sie haben mir unglaublich gut geschmeckt. Am 6. Januar waren wir Gäste des Bürgermeisters. Als Vorspeise gab es gefüllte Kalamares. Sie haben mir geschmeckt wie am Vorabend. Aber auch am 7., am 8. und am 9. Januar waren wir eingeladen, quer durch die gute Gesellschaft von Kálymnos. Und während alle anderen Speisen wechselten, blieb sich die Vorspeise treu: gefüllte Kalamares. Ich freute mich jeden Abend über die wohlschmeckenden „Säcklein“, sie schmecken mir bis heute.

Tintenfische mit Kartoffeln

1 mittelgroße geschälte Zwiebel
Olivenöl
1 kg Sepia (Tintenfisch)
feingehackter Dill
Salz
Pfeffer
8 mittelgroße geschälte Kartoffeln
4 Tomaten

Soupies me patates

Die Zwiebel kleinschneiden und in Öl dämpfen. Die gereinigten und in mundgerechte Stücke geschnittenen Tintenfische dazugeben und leicht anbraten. Dann den Dill hinzufügen. Mit Salz und Pfeffer abschmecken. Mit so viel Wasser aufgießen, daß die Tintenfische bedeckt sind. Die Kartoffeln in Scheiben schneiden, die Tomaten häuten und in Stücke schneiden und beides dazugeben. Das Ganze köcheln, bis die Kartoffeln gar sind.

Dieses Gericht ist mir zum ersten Mal in Sugia begegnet. Die Südküste von Kreta ist nur am östlichen Teil erschlossen, am westlichen Teil gibt es im wesentlichen nur drei Straßen, die vom Norden über die Berge führen. Eine von Réthimnon nach Chorá Sfakión, eine von Chaniá nach Paleóchora und dazwischen eben eine nach Sugia. Querverbindungen gibt es so gut wie keine. In Sugia kommt die Straße ein kleines Flußtal herunter und führt einfach zum Meer: ein winziges Dorf, zwei, drei Tavernen, ein schöner Kiesstrand, ein kleiner Hafen. Das ist alles. Aber es ist wunderschön, unter der riesigen Platane zu sitzen und übers Meer zu träumen, auf dessen jenseitigem Ufer Afrika liegt. Ein Gläschen Kreterwein, und dann wird es höchste Zeit, etwas zu essen, will man unbeschadet die siebzig Kilometer kurvige Bergstraße nach Chaniá zurückfahren. Als ich das letzte Mal mit meiner Tochter Gudrun da war, hab ich mir „soupies" bestellt. Einfach weil ich nicht wußte, welches Tier sich hinter dem Namen verbarg. Der freundliche Wirt hat sie mir dann gezeigt, diese Tintenfische, Sepia, mit den beutelartigen Körpern. Und geschmeckt haben sie vorzüglich.

ANCHOIS
EXPORT
GREECE

Fischsuppe

2 große Zwiebeln
2 Karotten
1 kleine Stange Lauch
1 Stück Sellerie
2–3 Tomaten
etwas Selleriekraut
1 Lorbeerblatt
Salz
5 Pfefferkörner
4 Nelken
1/4 Liter Olivenöl
1,5 kg Fisch zum Kochen (oder Fischfilets)
30 g Rundkornreis
2 Eigelb
Saft von 1 Zitrone
1 Bund Petersilie

Psarosoupa

Das geputzte, gewaschene und kleingeschnittene Gemüse zusammen mit dem Selleriekraut, Lorbeerblatt, Salz, den Pfefferkörnern, Nelken und der Hälfte des Öls in eine Kasserolle geben, einen Liter Wasser dazugießen und alles etwa 15 Minuten köcheln lassen. Dann den Fisch dazugeben. Auf kleinem Feuer etwa 20 Minuten (bei Fischfilets etwa 10 bis 15 Minuten) köcheln. Die Fische auf einer Platte anrichten, die Brühe abseihen, das Gemüse rund um die Fische legen und alles warm stellen. Den Reis in die Brühe geben und etwa 15 Minuten köcheln, anschließend die Suppe mit den Eigelben binden und danach nicht mehr kochen lassen. Das restliche Öl mit dem Zitronensaft vermischen und diese Öl-Zitronen-Mischung über die Fische gießen. Mit gehackter Petersilie bestreuen. Zuerst die Suppe auftragen, dann die Fische mit dem Gemüse servieren.

Der Besuch in einer griechischen Markthalle ist ein Vergnügen besonderer Art: Früchte und Gemüse in Hülle und Fülle, Käse, Fleisch, Geflügel (tot und lebendig), Öl, Oliven und Kräuter. Alle Herrlichkeit auf Erden ist im Duft dieser Kräuter. Und Fische! Große und kleine, bekannte und niegesehene Ungeheuer. Es scheint, als biete das Mittelmeer Fische (und Meeresfrüchte) im Überfluß. Leider ist das Gegenteil wahr: Das Meer um Griechenland ist leergefischt. Da ist das Dynamitfischen der Griechen (das gibt es bis heute!) und da sind die rücksichtslosen Fangmethoden gewisser anderer Mittelmeeranrainer. Die griechischen Fänge gehen dramatisch zurück, Fisch wird vom Atlantik importiert, ist infolgedessen für griechische Haushalte kaum noch zu bezahlen. Fischsuppe ist eine preiswerte und ergiebige Zubereitungsart.

SANS RIV

Seezunge mit Fischrogencreme

1 kg Seezunge
5 Eier
2 Scheiben Toastbrot
Salz
Pfeffer
Olivenöl
Butter
Fischrogencreme
(s. Rezept auf Seite 86)

Glossa tiganiti me tarama
Die Seezunge putzen, waschen und je nach Größe in Stücke teilen. Die Eier schlagen, die getoasteten Brote reiben und zu den Eiern geben. Reichlich mit Salz und Pfeffer würzen und alles gut miteinander vermischen. Öl und Butter in einer Pfanne erhitzen. Die Seezunge in die Eimasse tauchen und bei niedriger Hitze goldgelb braten. Diese schmackhaften Fische werden heiß mit Fischrogencreme, *taramasalata*, serviert.

Zu den eigenartigen Eindrücken beim Besuch eines griechischen Fischmarktes gehört die Abwesenheit von Frauen. Griechische Männer sind davon überzeugt, daß nur sie etwas vom Fisch (und vom Fleisch) verstehen. Also kaufen Männer – meist am Sonntagmorgen – Fisch und Fleisch für die Familie ein. Und natürlich gibt dieser Einkauf auch wieder Gelegenheit zum Gespräch, zur meist politischen Diskussion. So ist das Kafeníon auf dem Markt eine Notwendigkeit. Und war nicht schon in der Antike der Markt, die Agorá, der Ort politischer Auseinandersetzung und politischer Entscheidung? Die Frau, die im Kafeníon sitzt, ist ganz gewiß eine Touristin.

OLIVENOEL
SUPER
NISSA

Fleisch, Wild und Geflügel

Lamm nach Hirtenart

1 Lammkeule (etwa 2 kg)
Salz
schwarzer Pfeffer
250 g Butter
3 kg Schafsjoghurt (oder Vollmilchjoghurt)
6 Eier
6 EL Mehl

Tip:
Wenn man griechischen Schafsjoghurt auf dem Wochenmarkt oder im Spezialgeschäft nicht erhält, kann auch normaler deutscher Joghurt (allerdings nicht Magerstufe) verwendet werden. Das Besondere an Schafsjoghurt ist sein milder Geschmack. Zur eigenen Herstellung von Schafsjoghurt s. Seite 72.

Wlachiko fajeto tis stanis
Das Fleisch mit Salz und Pfeffer einreiben und mit der Hälfte der Butter bestreichen. Die Keule in ein Tapsi oder in einen Bräter legen und ein Glas Wasser dazugießen. Bei mittlerer Hitze in den Backofen stellen.
Während das Fleisch Farbe annimmt, den Joghurt gut rühren. Die Eier mit Salz schlagen und mit dem Mehl vermischen. Zuletzt den Joghurt dazugeben. Wenn das Fleisch gar ist (Garprobe mit der Spicknadel machen!), die Ei-Joghurt-Masse rund um das Fleisch gießen und die restliche Butter daraufsetzen. Das Ganze noch einmal für 10 Minuten in den Backofen stellen.

Klima und Bodenbeschaffenheit lassen in Griechenland kaum einen Graswuchs zu, wie er für die Haltung von Kühen erforderlich ist, während Schafe und Ziegen sich als anspruchslosere Tiere von dem geringen Vorhandenen durchaus noch ernähren können, zumal wenn sie als Herden wandern.
Das bedeutet nicht, daß es in Griechenland keine Kühe gibt, und gerade in den letzten Jahren wurde durch die Einführung neuer Rassen die Rinderhaltung durchaus gefördert. Was man aber bei den Fahrten durch Griechenland sieht, sind meist magere Kühe auf ebenso mageren Weiden. So war bis zum Eintritt Griechenlands in die EG die Butter aus Kuhmilch so gut wie unbekannt. Und die Verwendung von Pflanzenmargarine in vielen Rezepten ist keinesfalls Ausdruck von Sparsamkeit oder gesunder Lebensführung, sondern einfach Ausdruck des Mangels.

Paros

Hase in Rotwein

1 Wildhase
2 Tassen Rotwein
2–3 geschälte, geviertelte Zwiebeln
2 Knoblauchzehen
Petersilie
1 Lorbeerblatt
Thymian
3 Nelken
6–10 Pfefferkörner
1 Tasse Olivenöl
2 EL Mehl
Salz
frisch gemahlener Pfeffer

Lagos krasatos

Den Hasen in Stücke zerteilen und für 12 Stunden in eine Beize aus Rotwein, Zwiebeln, gehacktem Knoblauch, Petersilie, Lorbeerblatt, Thymian, Nelken und Pfefferkörnern legen.

Anschließend die Stücke abtropfen lassen, trockentupfen und in Olivenöl von allen Seiten gut braun anbraten. Mehl darüberstäuben und die Stücke mehrmals wenden. Die Beize mit einem Glas Wasser strecken, die Fleischstücke damit ablöschen. Mit Salz und Pfeffer würzen.

Alles in einen Tontopf geben und den Deckel mit einem Teig aus Wasser und Mehl gut verschließen (am besten einen Römertopf mit dichtschließendem Deckel verwenden). Den Topf bei mittlerer Hitze für etwa 3 Stunden in den Backofen stellen. Den Hasen in seiner pikanten Weinsauce servieren.

Der Bischof hatte mich eingeladen zum Fest des heiligen Johannes. Die Gläubigen seiner Diözese, der westlichsten von Kreta, zogen an diesem Tag in die Stein- und Dorneneinöde der Halbinsel Spa. Dort gibt es in einer kleinen Senke mit Wasser eine Kapelle des heiligen Johannes, eine Hütte für einen Priester und so etwas wie eine Oase aus schattenspendenden Eukalyptusbäumen, unter denen es bekanntlich auch kein Ungeziefer gibt. Als ich ankam, war das Fest bereits in vollem Gang. Einige hundert Personen lagerten unter den Eukalyptusbäumen und die Kapelle wurde von zahllosen brennenden Kerzen zu unerträglicher Hitze aufgeheizt. Es war Mittagszeit. Der Bischof sprach den Tischsegen. Die Gläubigen packten ihr mitgebrachtes Essen aus. Am Nachmittag wurden Kinder getauft, 23 an der Zahl. Die meisten waren schon zwei oder drei Jahre und älter, so wie es eben in Griechenland üblich ist. Und wie es der orthodoxe Taufritus vorsieht, wurden sie gleich gefirmt und erhielten zum ersten Mal die Kommunion. Als die Sonne unterging, machte ich mich auf den Heimweg. Der Bischof und seine Gläubigen blieben noch über Nacht, um zu beten, zu singen, zu tanzen und gemeinsam fröhlich zu sein. Als ich den steilen Hang hinaufstieg, sprang ein Hase davon.

Huhn mit Zwiebeln

1 Huhn (etwa 1 1/2 kg)
1 1/2 kg Perlzwiebeln
1 1/2 EL Tomatenmark
500 g Tomaten
1 Lorbeerblatt
etwas Cayennepfeffer
1/2 TL Zimt
1 TL Pfeffer
1 1/2 EL Essig
1 Tasse Olivenöl

Kotopoulo me kremmidia

Das Huhn in acht Teile zerlegen und in eine Kasserolle geben. Die Perlzwiebeln kurz in heißes Wasser legen, damit man die Schalen besser entfernen kann. Mit einem Schaumlöffel herausnehmen. Indem man auf ihre äußere Haut drückt, lassen sich die Zwiebeln nun leicht schälen, anschließend zu dem Hühnerfleisch in die Kasserolle geben. Das Tomatenmark in wenig Wasser auflösen und hinzufügen. Die Tomaten schälen und zusammen mit dem Lorbeerblatt, Cayennepfeffer, Zimt, Pfeffer, Essig und Öl ebenfalls in die Kasserolle geben. Mit einem Deckel verschließen und für etwa 45 Minuten bei mittlerer Hitze in den Backofen stellen. Während der Kochzeit darf der Deckel nicht abgenommen werden!

Wir sind über die Berge gefahren, nach Chóra Sfakíon, den kleinen Hafen, dessen schneeweiße Würfelhäuser sich in eine winzig kleine Bucht schmiegen. Und dann sind wir weitergefahren, hinein in die Sfakia, das wildeste Land des wilden Kreta. Die Türken hatten sich nicht hineingetraut und die deutsche Besatzung auch nicht, denn die da wohnen, die Sfakioten, schätzen die Freiheit höher als das Leben. „Wir werden nicht bis zum Ende der Straße kommen", sagt Jannis, „es kommt eine Schlucht, da gibt es kein Durchkommen. Und jenseits davon, da liegt das Dorf des heiligen Johannes. Dort hört der letzte Weg auf, dort sind sie daheim." Aber es gab eine Brücke über die Schlucht, eine Brücke aus Aluminium. Auf einem Schild stand, der und der aus den USA, geboren in der Sfakia, hätte die Brücke gestiftet. Keine zwei Jahre ist das her. Dann sind wir in Agío Joannou. Wir trinken Kaffee mit einer Familie, die um ihren Patriarchen unter einer Platane sitzt. Zwei stickende alte Frauen von einer merkwürdigen Schönheit, zwei junge Frauen und zwei junge Männer. Und die Männer tragen die traditionellen Reitstiefel und Breecheshosen, die kohlrabenschwarzen Hemden und auf dem Kopf das Haarnetz. Der Alte schlägt mit einem Stock auf den Schaft seiner Stiefel und raucht mit langen, genußvollen Zügen eine Zigarette: Sfakia.

ΕΛΑΡΓΟΣ
ΕΛΛΗΝΙΚΟ
ΠΡΟΙΟΝ

Gedünstetes Lamm mit Gemüse

1 kg Lammfleisch ohne Knochen
100 g Butter
1 EL Mehl
2–3 Knoblauchzehen, geschält und kleingehackt
2–3 Lorbeerblätter
gehackte Petersilie
Tomatenmark
4 mittelgroße Kartoffeln
4 Karotten
3 Zwiebeln
Salz
Pfeffer
1 EL Zucker

Zum Garnieren:
kleingehackte Petersilie

Arni kokkinisto me lachanika

Das Fleisch waschen, abtupfen und in kleine Stücke schneiden. In etwa der Hälfte der Butter anbraten und Mehl darüberstäuben. Wenn das Mehl Farbe angenommen hat, den Knoblauch dazugeben. Dann 2 bis 3 Minuten weiterdünsten, bis man den Knoblauch riechen kann. Dann mit Wasser ablöschen, so daß das Fleisch bedeckt ist. Lorbeerblätter und Petersilie hinzufügen, etwas Tomatenmark mit wenig Wasser verrühren und dazugießen. Die Hitze reduzieren und das Ganze etwa 45 Minuten köcheln lassen. In der Zwischenzeit die Kartoffeln waschen, schälen und in kleine Stücke schneiden, die Karotten und die Zwiebeln putzen, schälen und kleinschneiden. Kartoffeln, Karotten und Zwiebeln in Butter goldgelb anbraten. Mit Salz und Pfeffer würzen und mit etwas Zucker bestreuen, damit das Gemüse glasiert. Das Gemüse zu dem Fleisch geben und alles noch eine weitere halbe Stunde köcheln lassen, bis die Kartoffeln und die Karotten weich sind. Fleisch und Gemüse auf einer Platte anrichten, mit Sauce übergießen und mit gehackter Petersilie bestreuen.

Die große Rolle, die das Lamm- und Schaffleisch in der griechischen Küche spielt, hat auch ernährungswissenschaftlich betrachtet eine äußerst positive Seite. Man sagt, daß Schafe und Ziegen sich von Farnen und Moosen ernähren, die bestimmte Fette enthalten. Sie sind ähnlich wie das Fett von Kaltwasserfischen, die in der Tiefsee leben (Dorsch, Makrele, Hering zum Beispiel), in der Lage, den Kreislauf positiv zu beeinflussen.

Weihnachtsschwein

1 kg Schweinefleisch (von der Keule, ohne Knochen)
1 Glas herber Weißwein
1 Schuß guter Weinessig
etwa 8 geschälte Knoblauchzehen
schwarzer Pfeffer
Salz
3 EL Butter
Mehl
süße Sahne nach Belieben

Zum Garnieren:
Zitronenschnitze
Petersilie

Christoujenniatiko chirino

Das Fleisch mit einer Tasse Wasser, dem Wein, Weinessig, Knoblauch und den Gewürzen in einen Tontopf mit einem gut schließenden Deckel geben (z.B. Römertopf). Falls der Deckel nicht fest sitzt, mit einem Teig aus Mehl und Wasser abdichten. Den Topf bei mittlerer Hitze 2½ Stunden in den Backofen stellen.

Anschließend den Sud bis auf einen kleinen Rest in einen anderen Topf abgießen und das Fleisch ohne Deckel nochmals 15 Minuten in den Backofen stellen, damit es Farbe annimmt.

In der Zwischenzeit den Sud aufkochen, mit Salz und Pfeffer abschmecken, Mehl und Butter gut vermischen und den Sud mit Mehlbutter binden. Nach Belieben mit einem Schuß süßer Sahne abschmecken.

Das Fleisch aus dem Topf nehmen, zum „Ausruhen" auf ein Brett legen, in Scheiben schneiden und auf einer Platte anrichten. Die Sauce darübergießen. Rundum mit Zitronenschnitzen garnieren und mit feingehackter Petersilie bestreuen.

Obwohl in vielen bäuerlichen Betrieben Schweine gezüchtet und für den Eigenbedarf auch geschlachtet werden, spielt das Schweinefleisch eine verhältnismäßig untergeordnete Rolle in der griechischen Küche. Ich möchte annehmen, daß dies seinen Grund in der leichten Verderblichkeit dieses Fleisches hat. So ist es kein Zufall, daß das Weihnachtsschwein ein ausgesprochenes Winterrezept ist.

Kalbfleisch mit pikanter Sauce

1 kg Kalbfleisch
1 Zwiebel
1 Tasse Olivenöl
Salz
Pfeffer
1 Messerspitze Zimt
5–6 Nelken
1 EL Tomatenmark
½ TL Zucker
500 g Makkaroni
1 EL Butter

Moschari me pikantiki salza

Das Fleisch waschen, trockentupfen und in Stücke schneiden, die Zwiebel schälen und in Scheiben schneiden. Zwiebel, Fleisch und Öl in eine Kasserolle geben und alles gut miteinander vermischen. Unter ständigem Rühren das Fleisch von allen Seiten braun braten. Dann mit einer Tasse Wasser ablöschen, Salz, Pfeffer, Zimt und Nelken zugeben.
Das Tomatenmark und den Zucker in so viel Wasser auflösen, daß das Fleisch damit bedeckt wird. Das Ganze etwa ½ bis 1 Stunde weiter kochen lassen, bis das Fleisch weich ist. Dabei darauf achten, daß genügend Sauce für die Makkaroni bleibt.
Die Makkaroni in Salzwasser kochen, abschütten und mit geschmolzener Butter vermischen.
Das Fleisch herausnehmen und auf einer Platte warm stellen.
Die Makkaroni in die Sauce geben und gut vermengen.
Anschließend auf einer Platte zusammen mit dem Fleisch anrichten.

Ich bin eingeladen bei Christine und Athanasios. Die beiden erwarten mich nicht vor 22 Uhr, und vielleicht ist es besser, noch ein Viertelstündchen dazuzugeben. Griechische Pünktlichkeit ist eine Pünktlichkeit „cum tempore“ oder „c.t.“, wie das in den Vorlesungsverzeichnissen unserer Universitäten heißt.
Einstweilen überlege ich, was ich mitbringen könnte. Ich entscheide mich für Blumen. Im Blumengeschäft werden die von mir ausgesuchten Blumen in einer raffinierten Verpackung aus Stanniol und Zellophan mit Schleifen und Schleifchen drapiert.
Dann bringt mich ein Taxi zu meinen Freunden. Der Taxifahrer findet die Straße nicht in seinem Stadtplan. Ich weiß, daß in der Nähe das große Fußballstadion ist und lasse mich dort absetzen. So habe ich meine notwendige Verspätung.
Ein Ouzo mit den Freunden, eine Schale mit Nüssen, mit Oliven, mit Salzstangen, Käsestangen, ein paar Käsewürfel, ein paar Rädchen Salami, Mesedes halt. Wir unterhalten uns. Politik ist immer ein gutes Thema, Fußball, Basketball, die Kindererziehung. Dann kommt das Essen. Es gibt etwas Besonderes, mir zu Ehren, ein Gericht mit Kalbfleisch.

Schweinepilaw mit Karotten

1 kg Schweinefleisch
5 Karotten
2 Zwiebeln
½ Sellerieknolle
1 Stange Lauch
Butter und Olivenöl zum Dünsten
1 EL Tomatenmark
Salz
schwarzer Pfeffer
Oregano
3 Tassen Rundkornreis

Tip:
Für dieses Rezept kann auch Rind- oder Kalbfleisch verwendet werden.

Chirino pilafi me karoto
Das Fleisch waschen, trockentupfen und in kleine Stücke schneiden. Karotten und Zwiebeln putzen und kleinschneiden, ebenso die Sellerieknolle und den Lauch. Das Gemüse in einem Gemisch von Butter und Olivenöl dünsten, die Fleischstücke dazugeben und dünsten, bis sie Farbe annehmen. Tomatenmark mit 1 Tasse Wasser verdünnen und das Ganze damit ablöschen. Mit Salz, Pfeffer und Oregano würzen. Das Fleisch bei geringer Hitze langsam garen.
6 Tassen Wasser in den Topf geben, Salz und Pfeffer hinzufügen und die Flüssigkeit zum Kochen bringen. Den Reis hineingeben, einmal umrühren und etwa 20 Minuten weiterkochen, bis der Reis die Flüssigkeit aufgenommen hat. Den Topf vom Herd nehmen. Eine saubere Serviette darüberlegen und den Deckel daraufsetzen. Der Reis muß vor dem Anrichten noch etwas ziehen. Anschließend den Reis zusammen mit dem Fleisch anrichten.

Dieser Pilaw ist nicht ohne Pikanterie, denn zum einen ist Pilaw schon vom Namen her eine türkische Angelegenheit, zum anderen hat der Prophet seinen frommen Muslimen den Genuß von Schweinefleisch verboten. Es gehörte nicht zur Politik der türkischen Herren, die unterjochten Völker zum Islam zu bekehren. Man ließ ihnen das Recht auf die Ausübung ihrer Religion. Andererseits wurde das Steueraufkommen der Nicht-Muslime entsprechend hoch bemessen. Und in einem Verfahren, das Knabenlese hieß, wurden etwa alle zehn Jahre die tüchtigsten und schönsten griechischen Buben von den Janitscharen eingesammelt, um sie zu Mitgliedern dieser Elitetruppe auszubilden, als Muslime selbstverständlich, von den Vorrechten der türkischen Herren im Alltag gar nicht zu reden. Hat einer diesen Pilaw entwickelt, um seine türkischen Nachbarn und Herren zu ärgern? Oder ist dies ganz einfach das Werk einer tüchtigen Köchin?

Hackfleischwürstchen

Für die Hackfleisch-
würstchen:
500 g Hackfleisch (Lamm, Kalb oder Schwein)
2 Scheiben Weißbrot
1 Zwiebel
1 Knoblauchzehe
1 TL Kumin (Kreuzkümmel)
Salz
Pfeffer
1 Ei
Paniermehl nach Bedarf
Olivenöl zum Braten

Für die Sauce:
1 kg frische, aromatische Tomaten (oder passierte Tomaten)
1 mittelgroße Zwiebel
1 EL Zucker
1 EL Tomatenmark
1 Messserspitze Piment
1 Messerspitze Quendel
Salz
Pfeffer

Soutzoukakia smirneika

Für die Hackfleischwürstchen das Hackfleisch in einer Schüssel mit der Gabel lockern. Das Weißbrot (ohne Rinde) einweichen, ausdrücken, kleinzupfen und mit dem Fleisch gut vermischen. Zwiebel und Knoblauch schälen, feinhacken und mit Kumin, Salz und Pfeffer unter das Fleisch mengen, so daß eine homogene Masse entsteht. Zum Schluß das Ei sorgfältig daruntermischen. Wenn die Masse durch das Ei zu flüssig wird, etwas Paniermehl dazugeben. Daumenstarke Fleischwürstchen formen und in Olivenöl von allen Seiten braun braten. Anschließend im Ofen warm stellen.

Für die Sauce das Olivenöl aus der Pfanne zum Herstellen der Sauce verwenden. Die frischen Tomaten häuten, in Viertel schneiden und den Stielansatz entfernen. Die Zwiebel schälen und fein schneiden, in dem Olivenöl glasig dämpfen und den Zucker dazugeben. Sobald er braun wird, das Tomatenmark einrühren, bis eine gleichmäßig rote Creme entsteht. Die Tomatenviertel (oder die passierten Tomaten) hineingeben, mit Piment und Quendel würzen. Die Sauce etwa 20 Minuten köcheln lassen, bis die festen Bestandteile der Tomaten zerfallen sind. Zum Schluß mit der Gabel eventuell noch etwas nachhelfen. Mit Salz und Pfeffer abschmecken, die Sauce vom Feuer nehmen und die *soutzoukakia* hineinlegen. Das Ganze noch weitere 10 Minuten köcheln.

Von den griechischen Kolonien – von der Iberischen Halbinsel bis zum Schwarzen Meer — sagte man in der Antike, die Griechen hockten wie Frösche rund ums Mittelmeer. Vor allem die Küste Kleinasiens, der heutigen Türkei, war griechisches Kulturland. Das heutige Izmir hieß damals Smyrna, von hier stammt dieses Rezept.

Wurstgulasch

800 g grüne und rote Paprika
1 kg reife Tomaten
1 kg Bauernwürste (grobe Schweinswürste, bei uns z.B. Schwarzwälder Bauernbratwürste)
Olivenöl
1 Knolle Knoblauch
etwas frische Minze
4–5 Lorbeerblätter
Salz
Pfeffer
Rotwein
1 Bund Petersilie

Spezofai

Die Paprika waschen, Strunk und Kerne entfernen und in Viertel schneiden. Die Tomaten häuten, vierteln und die Kerne entfernen. Die Würste in mundgerechte Stücke schneiden und in einem Topf in wenig Öl anbraten. Die Wurststücke herausnehmen, abtropfen lassen und in eine Kasserolle schichten.

In dem Fett der Würste die Paprikaviertel kurz braten, herausnehmen und zu den Wurststücken in die Kasserolle geben. Die Tomatenviertel, den feingeschnittenen Knoblauch, die kleingeschnittene Minze, Lorbeerblätter, Salz und Pfeffer in das Wurstfett geben. Alles anbraten, mit Rotwein ablöschen und einige Minuten köcheln lassen. Dann die Sauce zu der Paprika und der Wurst geben. Feingehackte Petersilie darüberstreuen. Alles gut vermischen und noch etwas Öl dazugeben. Alles noch etwa 20 Minuten bei mittlerer Hitze köcheln lassen und in der Kasserolle servieren.

Fahren Griechen eigentlich auch in Urlaub? Natürlich. Im gleichen Maß wie sich die griechische Bevölkerung von einer landwirtschaftlich orientierten Gesellschaft in Richtung Handel und Industrie entwickelte, so begannen die Griechen auch, in den Urlaub zu fahren. Eine beliebte Urlaubslandschaft der Griechen ist der Pelion. Das Besondere am Peliongebirge ist die reiche Vegetation, die auch im Sommer grün ist, wo es Schatten gibt und auf den um die 1500 Meter hohen Bergen auch frische Luft. Hier kann sich der Bewohner von Athen von dumpfer Hitze und dem Gestank der Abgase erholen. Im Pelion gibt es wunderschöne Dörfer. Ein Beispiel ist Makrinítsa, ein Dorf wie aus dem Bilderbuch. Im Winter kann man auf dem Pelion Ski fahren, und für den Sommer gibt es genügend Sandbuchten, um zu schwimmen und zu tauchen. Im Pelion waren nach der Sage die Kentauren zuhause, jene Fabelwesen halb Pferd, halb Mensch, deren Weisheit Göttern und Menschen zugute kam. Für mich hat der Pelion eine besondere Attraktion: „spezophai“.

HACKFLEISCHBÄLLCHEN

500 g Hackfleisch
3 Scheiben Weißbrot
1 große Zwiebel
5 gehackte Knoblauchzehen
2 EL feingehackte Petersilie
1 TL gehackte Minze und andere frische Kräuter
2 Eier
1 EL Weinessig
2 EL Olivenöl
Salz
Pfeffer
Olivenöl zum Braten
Mehl zum Wenden

Keftedakia
Das Hackfleisch mit dem eingeweichten und gut ausgedrückten Brot vermischen. Die Zwiebel schälen, kleinschneiden und zusammen mit dem Knoblauch, der Petersilie und den anderen Kräutern mit dem Fleisch vermengen. Eier, Essig, Öl, Salz und Pfeffer hinzufügen und alles zu einem homogenen Teig verarbeiten. Wenn er zu fest wird, etwas Wasser dazugeben. Den Fleischteig 2 Stunden stehenlassen.
Das Öl erhitzen. Löffelweise Hackfleisch abnehmen, zu Bällchen formen und in Mehl wälzen. Es ist ratsam, die *keftedes* in zwei Pfannen gleichzeitig zu backen, weil die bemehlten Hackfleischbällchen eine trockene Haut bekommen, wenn sie nicht sofort gebacken werden.

Und dann kamen Teller mit Fleischbällchen und Zahnstochern. Man konnte die Fleischbällchen mit den Zahnstochern aufspießen. Aber die Fleischbällchen waren wie der berühmte Tropfen auf dem heißen Stein. Es war bei einem kretischen Kirchweihfest. Der Gottesdienst war lang, die Predigt auch. Jetzt gab es vor der Kirche Brot, Käse und Ölsardinen, und dann kamen die Fleischbällchen. Ich lief den Fleischbällchen nach, nicht nur aus Verfressenheit, sondern weil ich griechische Fleischbällchen jedem deutschen Fleischküchle vorziehe. Aber damit war die Mahlzeit noch nicht zu Ende. Abgerundet wurde das alles am Schluß mit dem, was die Kreter „risotto" nennen, Rindfleisch und Reis, der in der Rindfleischbrühe gekocht ist. Aber das beste des ganzen Festes, das waren schon die „keftedes".

EXPORT
GREECE

Aufläufe, Piten und Gemüsegerichte

Teigröllchen mit Hackfleischfüllung

Für den Teig:
6 Eier
1/2 Liter Milch
Salz
1 kleine Tasse Olivenöl
Mehl nach Bedarf
Olivenöl zum Backen

Für die Füllung:
1 große Zwiebel
3 Knoblauchzehen
500 g Rinderhack
Butter zum Dünsten und für die Form
schwarzer Pfeffer
Zimt
Muskat
Oregano
etwa 200 g passierte Tomaten (ersatzweise Tomatenmark)
eventuell etwas Hühnerbrühe
geriebener Kefalotiri oder Parmesan
Butterflöckchen

Kanellonia

Für den Teig die Eier mit dem Schneebesen schlagen, Milch, etwas Salz und das Öl dazugeben und nach und nach so viel Mehl, daß ein dickflüssiger Teig entsteht. Kleine, dünne Pfannkuchen daraus backen und dann beiseite stellen.

Für die Füllung die Zwiebel und den Knoblauch schälen, kleinhacken, mit dem Hackfleisch in Butter andünsten und mit den Gewürzen abschmecken. Die passierten Tomaten hinzufügen (ersatzweise Tomatenmark mit Wasser oder Hühnerbrühe verdünnen) und die Masse etwas einkochen lassen. Abschließend den Käse dazugeben.

Auf jeden Pfannkuchen so viel Füllung geben, daß sich der Pfannkuchen noch gut zusammenrollen läßt. Diese Teigrollen in ein gebuttertes Tapsi oder eine Auflaufform sehr eng nebeneinanderlegen, damit sie sich nicht öffnen können, und mit Butterflöckchen bestreuen. Eventuell übrige Füllung über die *kanelonia* geben und das Ganze 30 Minuten bei mittlerer Hitze im Backofen überbacken.

Lamía teilt das Schicksal mancher griechischen Stadt. Im 5. Jahrhundert vor Christus war sie Hauptstadt einer Provinz. Dann kam sie zu Makedonien, wurde von den Römern erobert und verlor allmählich jede Bedeutung. Dem jungen Griechenland aber fehlten zentrale Orte für den Aufbau der Wirtschaft. So wurde auch Lamía sozusagen am Reißbrett als moderne Stadt geplant. Heute spielt es eine gewisse Rolle als Handelsplatz für Tabak, Öl und Wein, die Produkte seines Hinterlands bis hinein nach Thessalien.

Moussaka aus Thessaloníki

Für den Auflauf:
3 geschälte Zwiebeln
750 g Hackfleisch
2 EL Butter
1 Glas Weißwein
einige Tomaten
1 Bund Petersilie
Salz
Pfeffer
10 Auberginen
Olivenöl zum Braten
8 EL geriebener Parmesan

Für die Béchamelsauce:
1 EL Butter
2 EL Mehl
½ Liter Milch
2 Eigelb

Für den Auflauf die Zwiebeln fein hacken und zusammen mit dem Hackfleisch in Butter anbraten. Mit Weißwein ablöschen. Die Tomaten schälen, die Petersilie kleinschneiden und beides dazugeben. Salz, Pfeffer und etwas Wasser hinzufügen und das Ganze zugedeckt etwa 1 Stunde köcheln lassen. Die Auberginen in dicke Scheiben schneiden und sorgfältig mit Salz bestreuen, damit sie eine knappe Stunde „weinen". Anschließend die Scheiben abtupfen und in Öl ausbraten. Die Hälfte der Auberginenscheiben in eine gebutterte Auflaufform legen und mit 2 Eßlöffel Käse bestreuen. Die Hackfleischmasse mit 4 Eßlöffel Käse vermischen und auf die Auberginen schichten. Die restlichen Auberginenscheiben darüberlegen.
Für die Béchamelsauce die Butter schmelzen, das Mehl hineinstreuen, die Milch langsam dazugeben und dabei gut rühren, damit die Sauce nicht klumpig wird. Vom Feuer nehmen und über die Auberginen gießen. Die Eigelbe schaumig schlagen und auf die Sauce geben. Den restlichen Käse darüberstreuen und den Auflauf etwa 1 Stunde bei mittlerer Hitze im Ofen backen.

Neben dem „choriatiki", dem Bauernsalat, ist „moussaka" vielleicht das bekannteste griechische Gericht überhaupt. Moussaka ist ein üppiges Gericht, dessen Rezept hier nicht zufällig aus der zweitgrößten Stadt Griechenlands stammt, jener Stadt, in der Byzanz, Ostrom, lebendiger ist als anderswo in Griechenland. Heute ist Thessaloníki die wichtigste Handelsstadt Nordgriechenlands, darüber hinaus mit seinen Märkten europäische Drehscheibe für den Handel zwischen Ost und West.

CALLIGA

Nudelauflauf

500 g Makkaroni
Salz
150 g Butter
2 Eier
100 g Feta (Schafskäse)
Zimt
Muskat
2–3 Zwiebeln
2 Frühlingszwiebeln
700 g Hackfleisch
1 Tasse Weißwein
5–6 reife Tomaten
kleingehackte Minze und Petersilie nach Geschmack
Pfeffer
Butter und Paniermehl für die Form
1 Tasse geriebener Parmesan

Zum Überbacken:
3 EL Mais- oder Kartoffelmehl
½ Liter Milch
3 Eier
2 EL Butter
Salz

Pastitio
Die Makkaroni in Salzwasser *al dente* kochen, abschütten und mit 100 g Butter vermischen. Die Eier schlagen, den Feta-Käse hineinbröseln, Zimt und Muskat dazugeben und das Ganze mit den Makkaroni vermengen. Die Zwiebeln und die Frühlingszwiebeln schälen, fein schneiden und in der restlichen Butter dämpfen. Das Hackfleisch dazugeben, leicht bräunen und dann mit Wein ablöschen.
Die Tomaten häuten und die Kerne entfernen. Die Tomaten, fein hacken und zum Fleisch geben, Minze und Petersilie, Salz und Pfeffer und 1 Tasse Wasser hinzufügen. 20 Minuten köcheln lassen.
Ein ausgebuttertes Tapsi (oder eine Auflaufform) mit Paniermehl bestäuben, die Hälfte der Makkaroni hineinfüllen und mit etwa der halben Menge des Parmesans bestreuen. Das Hackfleisch darübergeben und die restlichen Makkaroni daraufschichten.
Zum Überbacken: Mais- oder Kartoffelmehl in etwas kalter Milch anrühren. Die restliche Milch erhitzen und das aufgelöste Stärkemehl unter Rühren langsam hineingegeben. Unter ständigem Rühren aufkochen lassen, den Topf vom Feuer nehmen, die Eier verquirlen und zusammen mit der Butter hineinrühren. Mit Salz abschmecken und noch einmal gut umrühren. Diese Creme über die Makkaroni gießen und mit dem restlichen Parmesankäse bestreuen. Das Pastitio bei mittlerer Hitze 1 Stunde im Ofen backen. Vor dem Servieren etwas abkühlen lassen.

Nach dem Zusammenbruch des oströmischen Reiches beanspruchten auch die mächtigen italienischen Seestaaten, Venedig und Genua, Teile von Griechenland, vornehmlich Kreta und die Inseln. Die Inseln des Dodekanes waren bis nach dem Zweiten Weltkrieg italienisches Hoheitsgebiet.
Kein Wunder also, daß auch die italienische Küche Spuren hinterlassen hat, zum Beispiel das „pastitio“, bei dem sich Italienisches mit Kleinasiatischem vermischt.

Pita mit Reis und Huhn

1 mittelgroßes Huhn
2 geschälte Zwiebeln
1 Lorbeerblatt
3 Nelken
Salz
Pfeffer
3 Tassen Rundkornreis
200 bis 250 g Butter
4 Eier
1 großes Blatt Blätterteig (falls erhältlich, *fillokrusta*-Teig verwenden)
Olivenöl für die Form

Kotoritzopita

Das Huhn mit den ganzen Zwiebeln, dem Lorbeerblatt, den Nelken, Salz und Pfeffer in einen Topf geben und so lange kochen, bis sich das Fleisch gut von den Knochen lösen läßt. Das Huhn aus dem Sud nehmen und auf eine Platte legen. Die Hühnerbrühe durch ein Sieb gießen. Den Reis in 6 Tassen Hühnerbrühe kochen (die Brühe eventuell mit etwas Wasser strecken). Inzwischen das Hühnerfleisch in sehr kleine Stücke schneiden, dabei sorgfältig die Haut, alle Knochen und Knochensplitter entfernen.
In einer Kasserolle die Hälfte der Butter schmelzen und darin das feingeschnittene Hühnerfleisch und die inzwischen ebenfalls kleingeschnittenen gekochten Zwiebeln unter ständigem Rühren anbraten, bis sie Farbe annehmen. In einer Schüssel die Eier mit dem gekochten Reis und den goldgelb gebratenen Hühnerstücken gut vermengen.
Ein Tapsi oder eine Springform mit Öl ausstreichen und mit einem großen Teigblatt (oder entsprechend vielen kleinen) auslegen. (Bei einer Springform darauf achten, daß der Teig bis an den oberen Rand reicht.) Von einem sehr großen Teigblatt die überstehenden Teile als Deckel über die Füllung schlagen, ansonsten aus einem weiteren Teigblatt einen Deckel bilden. Die Pita im vorgeheizten Ofen bei mittlerer Hitze etwa 40 Minuten backen.

Dieses Rezept stammt aus Thesprotien, dem nordwestlichsten Verwaltungsbezirk Griechenlands. Er entspricht der Landschaft Epirus, die sozusagen auf der „Rückseite" Griechenlands gelegen ist. Epirus war bis zum letzten Krieg auch von Albanern bewohnt. Sie wurden 1944 vertrieben, das Land griechisch besiedelt. Eine immer noch wichtige Rolle spielt die Volksgruppe der Aromunen, wahrscheinlich Reste der ursprünglichen Bevölkerung, die allerdings eine romanische Sprache sprechen und ihre eigenen Gebräuche und ihr eigenes Bewußtsein haben. Früher haben die Aromunen weitgehend als Nomaden gelebt, die mit ihren Schaf- und Ziegenherden im Sommer auf dem Píndosgebirge, im Winter aber im Tal lebten.

450
Use of chair with shade drs.

ZUCCHINIPITA OHNE TEIG

1,5 kg Zucchini
2 Tassen Milch
125 g Butter
3 Eier
125 g Frischkäse
1 TL Salz
Pfeffer
Muskat
Mehl nach Bedarf

Kolokithopita choris fillo

Die Zucchini schälen und fein raspeln. Milch, Butter, Eier, Frischkäse und die Gewürze dazugeben (ein wenig Butter und Käse zurückbehalten) und alles gut miteinander vermischen. So viel Mehl dazugeben, daß eine feste Masse entsteht. In ein ausgebuttertes Tapsi (oder eine Auflaufform) füllen, zurückbehaltenen Käse und Butter abschließend auf die Masse geben und das Ganze bei 200 °C etwa 1½ Stunden im Ofen backen.

Der Pfarrer von Parapotamos, einem Vorort von Tríkala, hatte seinen dritten Sohn bekommen und bat mich, für den Buben „koumparos“ zu sein, Taufpate. Nun ist der Koumparos in Griechenland etwas anderes als der Taufpate im Westen, dessen Verpflichtungen sich eher im Unverbindlichen halten („für eine christliche Erziehung sorgen“). Der Koumparos ist in Griechenland ein Stück jenes sozialen Netzes, das „Familie“ genannt wird und vieles unnötig macht, was bei uns im Westen vom Staat, von der Gemeinde oder von privaten Versicherungen besorgt werden muß. Der griechische Mensch war – wenigstens bisher – eingebettet in die soziale Sicherheit seiner Familie, wo einer für den anderen sorgte.
Als ich die Großeltern meines Patenkindes besuchte, ebenfalls Pfarrer, empfingen sie mich in ihrer guten Stube. Betonboden, ein breites Bett, ein Tisch, ein Stuhl, eine Truhe, ein Herrgottswinkel mit zwei Ikonen: äußerste Bescheidenheit, um nicht zu sagen Armut. Und zwei frohe Menschen mit großer persönlicher Ausstrahlung. Die „papadia“, die Frau des Pfarrers, die Großmutter also meines Patenkindes, bot mir einen Schnaps an, einen „tsípouro“, einen Bauernschnaps. Und natürlich „etwas dazu“. Also ein Mese. In diesem Fall war es eine Pita ohne Teigumhüllung aus Zucchini.
Es war für mich wie die Erfüllung des Wunschtraums der Buben, endlich einmal einen Streuselkuchen zu essen, der nur aus Streuseln besteht.

Τσίπουρο

Käsepita

Für die Teigblätter:
3 Tassen Mehl
1 Tasse Joghurt
6 EL Butter
etwas Salz

Für die Füllung:
250 g Butter
650 g Kefalograviéra (ersatzweise Sbrinz oder Parmesan)

3 Eier
½ Liter Milch

Pita ianniotiki

Für die Teigblätter aus Mehl, Joghurt, Butter, Salz und eventuell etwas Wasser einen Teig herstellen. In 4 gleich große Stücke teilen, die jeweils zu Böden ausgewellt werden.

Ein Tapsi (oder eine bis zum oberen Rand mit Backpapier ausgelegte Springform) mit dem ersten Teigblatt auslegen, mit Butter bestreichen und mit einer reichlichen Schicht geriebenem Käse bestreuen. Dann folgen die restlichen 3 Teigblätter, die jeweils mit Butter bestrichen und mit Käse bestreut werden. Zum Schluß die Eier schlagen, mit der Milch verrühren und über das oberste Teigblatt gießen. Die Pita bei mittlerer Hitze so lange im Ofen backen, bis die oberste Schicht appetitlich braun ist.

In Thesprotien mischen sich griechische, albanische und aromunische Kultur. Gerade dieses Rezept mit Milch und Käse weist auf seine Herkunft aus einer Hirtenkultur hin. Die Mutter meines thessalischen Patenkindes kommt aus einer aromunischen Hirtenfamilie. Eine überaus fleißige, gütige und bescheidene junge Frau. Manchmal geht sie mit ihren Kindern für einige Tage zu ihrer Familie in die Berge. Und es ist mir, als würde sie dort Kraft schöpfen in der Natur, mit den Tieren, im Wurzelgrund ihrer Familie. Einmal war bei einem Besuch im Pfarrhaus ihr Vater anwesend. Er hat mich sehr beeindruckt, der einfache Hirt. Er hatte etwas von jener Ausstrahlung, die „Herren“ haben, selbständige, selbstbewußte, unabhängige Männer. Er erschien mir weise und viel älter als ich. Dabei war er fast 10 Jahre jünger. Nach alter Tradition hatte er den Mann für seine Tochter ausgesucht. Das Mädchen sah ihren künftigen Ehemann bei der Hochzeit zum ersten Mal. Der Bräutigam aber – ein Pfarrer muß heiraten, bevor er Pfarrer wird – durfte bei einem Fest seine Zukünftige einmal von Ferne sehen und sein Einverständnis geben.

Spinatpita

Für den Teig:
500 g Mehl
$1/2$ Tasse Wasser
1 EL Olivenöl
etwas Salz

Für die Füllung:
1 kg frischer Spinat (oder tiefgefrorener, gehackter Spinat)
1 Tasse Olivenöl
500 g Lauch
1 Bund Dill, gehackt
Saft von $1/2$ Zitrone
Salz
Pfeffer
2 Eier

Tip:
Man kann auch Blätterteig verwenden oder „fillokrusta"-Teig. Dann die Zubereitungshinweise auf der Packung beachten.

Spanakópita

Für den Teig alle Zutaten miteinander verkneten und 2 gleich große Teigblätter, jeweils von der Größe eines Backblechs, auswellen.

Für die Füllung den Spinat waschen, kleinschneiden, blanchieren und gut abtropfen lassen. Das Öl erhitzen. Den Lauch putzen, kleinschneiden und darin dämpfen, bis er fast gar ist. Dann den Spinat, den Dill, Zitronensaft, Salz und Pfeffer dazugeben. Das Gemüse vom Feuer nehmen und etwas erkalten lassen, dann die Eier daruntermischen. Ein Backblech mit Wasser befeuchten und mit dem ersten Teigblatt so belegen, daß auch der Rand mit Teig bedeckt ist. Auf den Teig die Gemüsemischung füllen und mit dem zweiten Teigblatt abdecken. Die Pita etwa 1 Stunde bei mittlerer Hitze im Ofen backen.

Wenn man in ein Land kommt mit anderer Kultur und anderen Gewohnheiten, dann hat man die Wahl, entweder stur seine heimischen Gewohnheiten beizubehalten und dabei möglicherweise zu scheitern oder sich den fremden Gewohnheiten anzupassen und auf diese Weise den Menschen näherzukommen. Griechen stehen früh auf und beginnen früh mit der Arbeit. Im Winter um 8, im Sommer aber schon um 7 Uhr. Frühstück kennen sie keines. Der Arbeitstag dauert 8 Stunden. Dann gehen sie schlafen und erst danach, zwischen 6 und 7 Uhr, kommt das Mittagessen. Den Tag über aber fasten Griechen keineswegs. Am Morgen auf dem Weg zur Arbeit gibt es einen Sesamkringel und im Büro ein „kafedaki", ein Täßchen Kaffee. Um die Mittagszeit aber nimmt man eine Pita zu sich. Überall an den Straßen der Städte, aber auch der Dörfer, verkaufen Bäcker die warmen Piten. Ihre Läden haben gewissermaßen keine Schaufenster, sondern Verkaufstheken, an die man einfach herantritt und seine Pita kauft. Es gibt außer Käse- und Spinatpita auch Wurstpita und „bougátsa", süße Piten. Natürlich kann man um die Mittagszeit auch einen Ouzo mit entsprechenden Mesedes zu sich nehmen.

Σπανακοπι
κομματι 350

Käsetäschchen

Für den Teig:
500 g Mehl
1 Tasse Milch
1 EL Olivenöl
Salz

Für die Füllung:
500 g Frischkäse
500 g Feta (Schafskäse)
4 Eier
1 TL kleingehackte Minze

1 Ei zum Bestreichen
Öl für das Backblech
100 g Sesam zum Bestreuen

Kalzunia

Für den Teig Mehl, Milch, Öl, etwas Salz und Wasser gut miteinander verkneten und zu Teigblättern auswellen. Daraus runde Teigscheiben mit etwa dem Durchmesser einer Untertasse ausstechen.

Für die Füllung Frischkäse und Feta-Käse durch ein Haarsieb streichen, mit den Eiern und der Minze gut vermischen. Jeweils 1 Eßlöffel dieser Füllung auf eine Teigscheibe geben, die Ränder mit Eiweiß bestreichen, die Teigstücke dann zu einem Halbmond verschließen und den Rand etwas andrücken. Die Halbmonde auf ein eingeöltes Backblech setzen, mit Eigelb bestreichen und mit Sesam bestreuen. Die *kalzunia* bei mittlerer Hitze im vorgeheizten Ofen etwa 15 bis 20 Minuten backen.

Es war in Rodovani, einem kleinen Dorf an der Südküste von Kreta. Wir waren zu Besuch bei einem jungen Ölbauern. Drei Generationen leben in dem kleinen Haus. Georgios und Sophia, er fast 80, sie um die 60, Jannis und Trula, beide Ende 20, und ihre kleine Tochter, 6 Jahre alt. Zwei ledige Schwestern von Georgios waren noch da. Beide um die 90, arbeiteten mit, sammelten Holz, hoben Oliven unter den Bäumen auf. Jannis und Trula kümmerten sich um das Öl. Von November bis Mai werden auf Kreta die Oliven geerntet und in der Ölmühle zu feinstem Olivenöl verarbeitet. Sophia kocht noch immer für die ganze Familie. 1½ Liter Olivenöl braucht sie täglich für sechs Personen. Sophias Küche ist dunkel und rußig. Ich sitze bei ihr. Sie erzählt mir aus ihrer Jugend, als es noch Blutrache gab auf Kreta. Sophia backt Brot, Brot für die ganze Familie und für die ganze Woche. Aus dem Teigrest macht sie Kalzunia. Trula, die dazugekommen ist, bereitet die Füllung. Sophia backt die Kalzunia auf einem Blech über dem offenen Feuer ihres Herdes. Sophias Enkelin sitzt dabei. Sie bekommt die Kalzunia mit Honig. Ich darf auch probieren. Welch ein Genuß.

Attiki

Olivenpita

2–3 Tassen Mehl
½ Tasse Olivenöl
½ Tasse Orangensaft
1 Tasse schwarze Oliven
1 Zwiebel
etwas Minze

Eliopita

Das Mehl mit dem Öl vermengen. Den Orangensaft und Wasser nach Bedarf dazugeben, gut vermischen und kneten, bis ein weicher Teig entsteht.

Die Oliven kleinhacken, die Zwiebel schälen und sehr fein schneiden, die Minze hacken und alles vorsichtig in den Teig einarbeiten. Zum Schluß den Teig zu einem flachen Brot formen. Auf einem Backblech bei mittlerer Hitze etwa eine halbe Stunde (Garprobe mit einer Spicknadel machen!) backen.

Ich war für ein paar Urlaubstage Anfang Dezember auf Zypern. Der Herbst war noch nicht zu Ende, aber der Frühling hatte schon begonnen. Die bunten Farben der herbstlichen Blätter mischten sich mit den zarten Formen und Farben der Frühlingsblumen: auf seltsame Weise schön. Eines Tages rief mich mein Freund Krinos im Hotel an und sagte: „Du, Andreas hat uns alle zu einem kleinen Fest eingeladen. Wir holen Dich gegen 6 Uhr ab."

Wir fuhren mit dem Landrover von Krinos hinauf ins Troodosgebirge. Die geteerte Straße hatte längst aufgehört, es ging über einen Feldweg. Dann das neue Haus von Andreas. Man blickte weit über die Insel bis hinüber in den türkischen Teil. Andreas feierte den ersten Geburtstag seiner Tochter Elisa. Es wurde ein gewaltiges Fest. Und es gab all jene Dinge, die die zypriotische Küche so bunt macht: Rebhühner, Hasen, in Rotwein eingelegten Wildschweinschinken, Würste, ein Dutzend unbekannter Mesedes und Olivenpita.

Es erwies sich als äußerst gut, von ihr zu essen, denn der Wein von Zypern braucht eine rechte Unterlage. Und er trinkt sich gut, dieser Wein, der rote und der weiße, und für die Damen gab es Commandaria, einen Süßwein.

Knusprig gebratene Auberginen

Für den Auflauf:
1 kg Auberginen
1 Tasse Mehl
1 1/2 Tassen Olivenöl

Für die Skordalia:
3 Tassen altbackenes Weißbrot
3 Tassen gemahlene Walnüsse
3–4 geschälte Knoblauchzehen
Salz
1 Tasse Olivenöl
Saft von 1 Zitrone

Paniermehl zum Bestreuen

Melitzanes me skordalia

Für den Auflauf die Auberginen schälen, in dicke Scheiben schneiden und 5 Minuten in kochendem Wasser blanchieren. Abtropfen lassen. Die Scheiben in Mehl wälzen und in eine Auflaufform schichten, mit Olivenöl übergießen und so lange im Ofen bei mittlerer bis großer Hitze braten, bis sie knusprig sind.

Für die Skordalia das Brot einweichen und ausdrücken. Brot, Nüsse und Knoblauch mit Salz im Mixer bei langsamer Geschwindigkeit zerkleinern. Dabei nach und nach das Öl und den Zitronensaft hinzufügen.

Die Auberginenscheiben mit der Skordalia übergießen, dafür eventuell die Skordalia mit Öl oder etwas Wasser verdünnen, und den Auflauf mit Paniermehl bestreuen. Die Form erneut bei mittlerer Hitze in den Ofen stellen und das Ganze backen, bis die Skordalia fest wird.

Gemüsegerichte sind in Griechenland nicht wie bei uns „Beilage", wie überhaupt die bei uns übliche Zuordnung von Fleischspeise, Gemüse, Kartoffeln oder Teigwaren in Griechenland unbekannt ist. Gemüsegerichte sind hier absolut eigenständige Speisen. Die Grundlage der griechischen Ernährung ist Brot. Ein griechisches Essen besteht aus verhältnismäßig vielen unterschiedlichen Gerichten, die aber zueinander nicht in Beziehung stehen, sondern jedes für sich zusammen mit Brot gegessen wird. Auch die Gemüsegerichte.

Spinatrolle

Für die Füllung:
1½ kg frischer Spinat (oder tiefgefrorener, gehackter Spinat)
½ Tasse Butter
4 Eier
Salz
Pfeffer
Muskat
1 Tasse geriebener Käse (Sbrinz oder Parmesan)

Für den Teig:
1½ Tassen Mehl
1 Ei
1 EL Butter
Salz
etwas Mehl zum Ausrollen

Tip:
Ein Tapsi ist eine in Griechenland gebräuchliche runde Blechform von unterschiedlicher Größe mit hohem Rand. Als Ersatz kann man einen Kochtopf oder Bräter von etwas größerem Durchmesser verwenden, der sich für den Backofen eignet.

Troukolo
Für die Füllung den Spinat putzen, blanchieren, in einem Sieb abtropfen lassen und durch den Fleischwolf drehen (oder den tiefgefrorenen gehackten Spinat auftauen). In Butter dämpfen und etwas abkühlen lassen. Dann mit den Eiern, Salz, Pfeffer, Muskat und dem Käse vermengen.
Für den Teig Mehl, Ei, Butter, Salz und ein wenig Wasser kneten und zu einem rechteckigen dünnen Teigfleck ausrollen. Auf diesen Teigfleck die Spinatmasse geben und den Teig zusammenrollen. Die beiden Enden dieser Rolle mit einem Stück Faden zubinden. Die Spinatrolle in ein tiefes Tapsi setzen und mit so viel heißem Wasser begießen, daß sie ganz bedeckt ist. Das Tapsi bei mittlerer Hitze im Backofen etwa 1 Stunde backen. Die Spinatrolle zum Servieren in dicke Scheiben schneiden.

Der „troukolo“ ist eigentlich eine Art von Spinatstrudel. Für die Zubereitung von Gemüsegerichten wird in Griechenland viel Sorgfalt aufgewendet. Es ist interessant, einmal über die Rolle des Gemüses in unserer und in der griechischen Küche nachzudenken. Die Rolle des Gemüses als Beilage weist auf die hohe Wertschätzung hin, die das Fleisch bei uns genießt. In seinem Buch „Der Hunger und der Überfluß“ hat der italienische Kulturhistoriker Massimo Montanari dargelegt, daß sich die Barbarenvölker der Völkerwanderung weitgehend von Fleisch ernährt haben, während die Kulturvölker des Mittelmeerraums zur gleichen Zeit viel stärker pflanzliche Nahrung zu sich nahmen. Es ist in diesem Zusammenhang nicht uninteressant zu sehen, daß auch heute noch in durchschnittlichen deutschen Restaurants so gut wie kein Gericht ohne Fleisch angeboten wird, was dem Vegetarier große Probleme bereitet, während er in Griechenland ohne Schwierigkeiten seine Nahrung fleischlos zusammenstellen kann.

Gefüllte Paprika
Gebackene Zucchini

GEFÜLLTE PAPRIKA
3 geschälte Zwiebeln
2½ Tassen Rundkornreis
Salz
1 TL Zucker
2 EL Tomatenmark
1 TL Zimt
einige Pinienkerne
1 Handvoll Korinthen
1 Tasse Olivenöl
6 Paprika (2 rote, 2 grüne, 2 gelbe)
Butter für die Form

GEBACKENE ZUCCHINI
6 kleine Zucchini
Salz
Mehl
Olivenöl

GEFÜLLTE PAPRIKA
Piperies jemistes

Die Zwiebeln reiben und in 2 Tassen Wasser gar kochen. Den Topf vom Feuer nehmen, den Reis, Salz, Zucker, Tomatenmark, Zimt, Pinienkerne, Korinthen und das Öl dazugeben und alles gut vermengen.
Die Paprika waschen und vom Kerngehäuse befreien. Mit der Reismasse füllen, in eine ausgebutterte Auflaufform setzen und im Backofen bei 250 °C etwa eine halbe Stunde garen.

Dieses Gericht enthält ein überraschendes Element: Die Füllung, die man in die Paprika gibt, besteht im wesentlichen aus ungegartem Reis. Das Feine daran ist, daß während des Garprozesses der Reis seinen Flüssigkeitsbedarf aus der Paprika zieht, so daß der feine Paprikageschmack sich dem Reis mitteilt. Umso interessanter ist es, verschiedenfarbige Paprika zu verwenden, die ja unterschiedliche Reifegrade darstellen. Von der grünen, unreifen, mit ihrem etwas „grünen" Geschmack bis zu der dunkelroten Tomatenpaprika mit all ihrer Süße. Gemüsegerichte können raffinierte Delikatessen sein.

GEBACKENE ZUCCHINI
Kolokithakia

Die Zucchini waschen, abtrocknen und in etwa ½ cm dünne Scheiben schneiden. Salzen und in Mehl wenden. Anschließend die Scheiben in schwimmendem Fett ausbacken.

Ob Sie nun ein attraktives, feinschmeckendes Gemüse zu einer Hauptmahlzeit benötigen oder ganz einfach etwas zum Wein oder zum Cocktail aus der Hand, kein Problem, dann sind diese gebackenen Zucchini genau das richtige. Sie schmecken warm wunderbar, und wenn sie kalt werden, macht das auch nichts. Und natürlich kann man sie auch mit Skordalia, Knoblauchcreme oder mit Tzatzíki essen.

OFENKARTOFFELN
EIER IM GEFÄNGNIS

OFENKARTOFFELN
2 kg Kartoffeln
3 geschälte Knoblauchzehen
Salz
1/2 TL Oregano
etwas scharfes Paprikapulver
1 Tasse Olivenöl
Saft von 2 Zitronen

EIER IM GEFÄNGNIS
4 große Kartoffeln
Butter
Salz
Pfeffer
Muskat
4 ganz frische Eier

OFENKARTOFFELN
Patates fournou laderes
Die Kartoffeln waschen, schälen, in Achtel schneiden und auf ein Backblech setzen. Die Knoblauchzehen in kleine Stückchen schneiden und über die Kartoffeln streuen. Salz, Oregano und Paprikapulver ebenfalls darübergeben. Dann die Kartoffelstücke mit Öl und Zitronensaft beträufeln. Das Blech bei höchster Temperatur für eine halbe Stunde in den Ofen schieben, dann die Hitze reduzieren und die Kartoffeln in einer weiteren halben Stunde braun werden lassen.

Diese Kartoffeln sind für mich ein besonderer Genuß. Ich esse sie zu einem Glas Rotwein, und man braucht nichts anderes dazu. Meine Freundin Niki hat mir ihre Zubereitung gezeigt. Sie war eines Tages zu Besuch, sagte „Hast Du Kartoffeln?“ und machte uns ein Kuchenblech voll von dieser wunderbaren Herrlichkeit: keine Kartoffeln zum Schweinebraten. Nein. Kartoffeln einfach so. Vielleicht einen Salat davor, eine Süßspeise danach, ein Glas Rotwein dazu, eine wohlschmeckende Hauptspeise, wenig Arbeit, wenig Kosten. Probieren Sie es.

EIER IM GEFÄNGNIS
Afga philakismena
Die Kartoffeln gründlich waschen und ungeschält gar kochen. Anschließend mit einem Messer der Länge nach etwa ein Viertel abschneiden und als Deckel beiseite legen. Die Kartoffeln mit einem Löffel aushöhlen, etwas Butter, Salz, Pfeffer und Muskat hineinfüllen, in jede Kartoffel ein rohes Ei geben und die Deckel daraufsetzen. Für einige Minuten bei mittlerer Hitze in den Ofen geben, bis Eiweiß und Eigelb gestockt sind (wünscht man sich das Eigelb noch flüssig, sollte man darauf achten, daß die Eier ganz frisch sind). Vor dem Servieren die Kartoffeln eventuell vorsichtig schälen.

Die Kartoffeln mit Eiern „im Gefängnis“ sind eine vollwertige Mahlzeit. Und gut schmecken tun sie überdies, appetitlich und lustig aussehen sowieso. Seitdem ich sie zum ersten Mal gegessen habe, mache ich sie immer wieder. Als Vesper zwischendurch, für Freunde und mich, zum Wein oder mit einem Salat als Abendessen.

Blumenkohl mit Ei-Zitronen-Sauce

1 Blumenkohl
(etwa 1 ½ kg)
Salz
Butter für die Form
Pfeffer
Muskat
4–5 Scheiben gekochter Schinken

Für die Sauce:
4–5 Eier
Saft von 1 Zitrone

Variante:
einige Tomaten
Butter zum Dünsten
Salz
Pfeffer

Kounoupidi awgolemono

Den Blumenkohl in Röschen teilen und in Salzwasser kochen. Dabei darauf achten, daß er nicht zu lange kocht, er sollte nach dem Kochen noch starken Biß haben. Das Wasser abgießen und die Röschen in eine ausgebutterte Auflaufform setzen. Mit Salz, Pfeffer und Muskat würzen. Den Schinken in feine Streifen schneiden und darüberstreuen.

Für die Sauce die Eier schlagen und mit dem Zitronensaft vermischen. Diese Sauce über die Röschen gießen. Die Auflaufform bei mittlerer Hitze so lange in den Backofen stellen, bis das Ei gestockt ist.

Variante: Man kann zusätzlich noch eine Tomatensauce zubereiten. Dafür einige Tomaten häuten und von den Kernen befreien, zerkleinern, kurz in heißer Butter dünsten und mit Salz und Pfeffer würzen. Diese Mischung über die Blumenkohlröschen geben. Erst kurz vor dem Servieren die Schinkenstreifen auf den Blumenkohl legen und die Ei-Zitronen-Sauce darübergießen. Die Auflaufform dann noch einmal in den Backofen stellen, bis das Ei gestockt ist.

Auch ohne Schinken wäre dieses Gericht ein vollwertiges Mittagessen, mit allem was dazugehört. Ein Gemüse, schmackhaft und doch mit der erforderlichen Menge an Ballaststoffen, Proteine in Gestalt von Ei. Eine solche Zusammenstellung bietet dem Körper hochwertiges Eiweiß an: das pflanzliche Eiweiß des Blumenkohls, ergänzt durch das tierische Eiweiß der Eier.

Ερωτόκριτος καί 'Αρετοῦσα - Erotokritos
Erotoktiros and Aretoussa - Erotokri
und Aretoussa

Okra in Öl

1 kg Okra
etwas Zitronensaft
etwas Essig
Salz
Olivenöl
1 geschälte mittelgroße Zwiebel
2–3 reife Tomaten
Pfeffer

Bamies laderes

Okraschoten am Stielende wie einen Bleistift spitz anschneiden, ohne die Schote zu verletzen, damit kein Saft austritt. Bis zur weiteren Verarbeitung in Wasser mit etwas Zitronensaft legen. Wenn man die Okraschoten in kochendem Essigwasser blanchiert und dann kalt abschreckt, bleibt der Schleim im Blanchierwasser zurück.

Die abgetropften Okra in ein Tapsi (oder eine Auflaufform) füllen, salzen und mit ein paar Tropfen Essig beträufeln. Das Tapsi mit den Okra etwa 2 bis 3 Stunden in die Sonne stellen. Anschließend die Okra sorgfältig in einer sauberen Serviette trocknen und ganz langsam in einem Topf in Olivenöl bräunen.

Die Zwiebel reiben und in einem weiteren Topf in Öl dämpfen. Die geschälten und von den Kernen befreiten Tomaten dazugeben und so lange köcheln, bis eine Sauce entsteht. Mit Salz und Pfeffer abschmecken. Die Okra in die Sauce geben und darin weich kochen. Darauf achten, daß das Gericht nicht anbrennt, eventuell noch etwas Wasser hinzugießen. Zum Schluß erneut mit Salz abschmecken.

Sie heißen griechisch „bamies". Die Engländer sagen „ladyfingers", aber sie heißen auch Okra und sind ein Malvengewächs. Bei uns habe ich sie noch nie in einem Garten gesehen, aber sie könnten durchaus auch in unserem Klima wachsen. Okra schmecken entfernt wie Bohnen, haben jedoch eine andere Konsistenz. Ich finde es schade, daß man sie bei uns nur gelegentlich im Gemüseladen kaufen kann. Aber das türkische Geschäft nebenan hat sie bestimmt.

MOREA
OLIVENØL
EXTRA VERGINE

Paprikareis
Reis mit Lauch

PAPRIKAREIS
1 Zwiebel
3 Knoblauchzehen
1 Handvoll Petersilie, gehackt
50 g Butter
3 Tassen Rundkornreis
Salz
Pfeffer
1 rote Paprika
5 Tassen Hühnerbrühe

REIS MIT LAUCH
4 dicke Stangen Lauch
etwa 100 g Butter
1 1/2 Tassen Rundkornreis
Salz
Pfeffer

PAPRIKAREIS
Burani

Zwiebel und Knoblauch schälen, fein schneiden und in einem Topf mit der Petersilie in Butter dämpfen. Den Reis dazugeben und dreimal gut durchrühren. Mit Salz und Pfeffer würzen. Die Paprika putzen, in feine Streifen schneiden und dazugeben. Mit der Hühnerbrühe auffüllen. Das Gericht bei mittlerer Hitze kochen, bis der Reis weich ist. Es schmeckt warm oder kalt.

Dieses Reisgericht ist mir eines der liebsten – von der Farbe und vom Geschmack her. Es ist angenehm rot und enthält die süße Schärfe der reifen Paprika.

REIS MIT LAUCH
Praso me rizi

Den Lauch putzen und nur den weißen Teil in feine Streifen schneiden (die grünen Teile anderweitig verwerten). Den Lauch in reichlich Butter 6 bis 8 Minuten unter ständigem Rühren bei niedriger Hitze dämpfen. Den Reis hinzugeben. Unter Rühren den Reis gut mit dem Lauch vermengen. Mit Salz und Pfeffer würzen. Mit 3 Tassen Wasser aufgießen und 20 bis 25 Minuten köcheln lassen. Dann ist der Reis kernig weich und die Flüssigkeit aufgesogen. Das Gericht kann kalt oder warm serviert werden.

Die Kombination der milden Schärfe des Lauchs mit dem Reis ergibt ein überaus schmackhaftes Gericht. In Kreta gibt es eine Variante. Dort wird der Reis weichgekocht und mit Spinat vermischt, „spanakórizo“. Zum Schluß wird das Ganze mit geriebenem Käse bestreut.

Gefüllte Pantöffelchen

10 dicke Auberginen
Olivenöl zum Bestreichen
Butter für die Form
5 Eier
400 g geriebener Käse (Sbrinz oder Parmesan)
1 Handvoll Petersilie, gehackt
1 TL Salz
Pfeffer
½ TL Zucker
1 EL Butter
4 EL Olivenöl

Zum Überbacken:
1 Ei
4 EL Milch
8 EL Feta (Schafskäse)
200 g Olivenöl

Papoutsakia

Die Auberginen waschen, halbieren und in kochendem Wasser etwa 10 Minuten blanchieren. Nach dem Abtropfen die Auberginenhälften mit einem Löffel aushöhlen. Die äußere Haut mit einem Pinsel mit Öl bestreichen und die Hälften in ein ausgebuttertes Tapsi (oder eine Auflaufform) eng nebeneinander legen. Das Auberginenfleisch in einer Schüssel mit den Eiern, dem Käse, der Petersilie, Salz, Pfeffer und dem Zucker gut vermischen. Butter und Öl dazugeben und mit dieser Masse die Auberginenhälften füllen.

Zum Überbacken aus dem Ei, der Milch und dem mit der Gabel zerdrückten Feta-Käse durch kräftiges Rühren mit dem Schneebesen eine Creme herstellen und etwas davon auf jedes „Pantöffelchen" geben. Zum Schluß die Auberginen mit Öl übergießen und das restliche Öl um die „Pantöffelchen" herum in das Tapsi oder die Auflaufform füllen. Das Gericht bei mittlerer Hitze etwa 30 Minuten im Ofen überbacken.

Wenn ich ihren Namen höre, „papoutsakia", „Pantöffelchen", denke ich an den kleinen Fuß eines zauberhaften Mädchens. Solche Frauen gibt es in den türkischen Harems von Iráklion, die Kazantzakis beschreibt. Aber Spaß beiseite. Sie schmecken wunderbar, diese Pantöffelchen, ob sie nun warm, als Bestandteil eines Essens angeboten werden, oder kalt als Mese.

CARRAS
ROSE SPECIAL

Süsses

Quarkspeise mit Rosinen

Kefalloniá ist eine Insel im Ionischen Meer. Wie Korfu, Paxí, Lefkás und Zákyntos liegt sie im Einflußbereich Italiens, zu dem die Verkehrsverbindungen einfach sind. Und so ist es kein Zufall, daß diese Inseln seit dem Überfall der Kreuzfahrer auf Konstantinopel im Namen Venedigs im Jahre 1204 an Venedig fielen und, mit einer kurzen Unterbrechung durch die Türken, bis 1797 venezianisch blieben. Dann gehörten sie den Franzosen, dann fielen sie kurze Zeit an die Russen und nach einer weiteren kurzen Zeitspanne griechischer Selbstverwaltung wurden sie 1815 bis 1864 von den Engländern besetzt. Natürlich hat sich diese westliche Fremdherrschaft auf den Inseln niedergeschlagen. Und es ist fast ein Wunder, daß sie im Wesen griechisch blieben, ihre alten Tänze, Sitten und Gebräuche beibehielten. Manches aber hat doch italienische Akzente erhalten. Die Tracht zum Beispiel, die Musik, ja selbst die liturgischen Gesänge der orthodoxen Kirche. So scheint mir auch diese Süßspeise etwas von den italienischen Zuckerbäckern zu haben.

50 g Rosinen
Cognac
2 Eier
75 g Butter
150 g Zucker
300 g Quark
50 g gemahlene Mandeln
2 EL Kartoffelmehl
Salz
½ unbehandelte Zitrone

Butter für die Form
Kristallzucker zum Bestreuen

Klikisma me mitzithra

Die Rosinen in Cognac einlegen. Die Eier trennen, das Eiweiß steif schlagen. Die Butter schaumig rühren und den Zucker dazugeben. Sobald er sich aufgelöst hat, die Eigelbe, den durch ein Sieb gestrichenen Quark, die Mandeln, Kartoffelmehl und die eingelegten Rosinen hinzufügen. Eine Prise Salz, Zitronensaft und etwas abgeriebene Zitronenschale dazugeben. Zum Schluß den steifen Eischnee unterheben. Die Masse in eine mit Papier ausgelegte und gebutterte Form geben. Bei mittlerer Hitze 45 Minuten im Ofen backen und etwas abkühlen lassen. Lauwarm aus der Form nehmen und mit Kristallzucker bestreuen.

Mandelhörnchen

Für den Teig:
etwa 1/2 Würfel Hefe
(oder 1 Päckchen Trockenhefe)
640 g Mehl
160 g Butter
3 Eier
200 g Kristallzucker
Saft von 1 Zitrone
1 Prise Salz
etwas Mehl zum Ausrollen

Für die Füllung:
1 Tasse gehackte Mandeln
½ TL Zimt
100 g Zucker
1 Ei
Hagelzucker zum Bestreuen

Kruasan

Für den Teig die Hefe in etwas lauwarmem Wasser auflösen und mit wenig Mehl vermischen. An einem warmen Ort etwa 1 Stunde gehen lassen. Dann das Mehl in eine Schüssel sieben. In die Mitte eine Vertiefung drücken und den Vorteig hineingeben. Die Butter schmelzen und abkühlen lassen. Die Eier mit dem Zucker schaumig rühren. Butter, Eier und Zucker, Zitronensaft und Salz verrühren und zum Teig geben.
Alles gut vermischen und, falls nötig, entweder etwas Mehl oder etwas lauwarmes Wasser dazugeben. Den Teig an einen warmen Ort stellen, mit einem Tuch zudecken und 2 Stunden gehen lassen.
Die Arbeitsplatte mit Mehl bestreuen und den Teig etwa 1 cm dick auswellen. Aus der Teigplatte Dreiecke ausschneiden und mit den gehackten Mandeln, Zimt und Zucker bestreuen. Das Dreieck jeweils zur Spitze hin aufrollen und Hörnchen formen. Mit verquirltem Ei bestreichen und mit Hagelzucker bestreuen. Die Hörnchen im Ofen bei mittlerer Hitze 20 Minuten backen.

Ich war in Kap Sounion, wo der Poseidontempel hoch über dem Meer steht. Es ist eigenartig, es gibt in Griechenland Orte, wo man die Anwesenheit antiker Götter zu spüren glaubt. Delphi ist so ein Ort, das Témpi-Tal, der Parthenon und in besonderer Weise Kap Sounion. Wenn am Abend die Sonne über dem Saronischen Golf hinter den Bergen des Peloponnes schlafen geht und der Abendwind vom Meer her weht, dann werden die meisten der zahllosen Besucher des Poseidontempels still, und für einen Augenblick liegt über der Tempelruine die Präsenz des Herrschers der Meere.
Ich fuhr mit dem Wagen wieder Richtung Athen. Wir hatten Hunger und im nächsten Dorf hielten wir vor einer Bäckerei. Meine griechische Begleiterin brachte eine Tüte mit Hörnchen: Kruasan.

Milchkuchen

6 Eier
250 g Zucker
210 g feiner Grieß
1½ Liter Milch
1 Vanilleschote (oder Vanillezucker)
125 g Butter (bei „fillokrusta"-Teig: 250 g)
500 g Blätterteig

Für den Sirup:
250 g Zucker
etwa 180 g Wasser
Saft von 1 Zitrone

Tip:
Griechen lieben Süßspeisen sehr süß. Darum ist es ratsam, den Milchkuchen zunächst ohne Sirup zu probieren. Er schmeckt auch so wunderbar.

Galaktobureko
In einem Topf die ganzen Eier mit dem Zucker verrühren und den Grieß nach und nach hinzufügen. Unter ständigem Schlagen die Milch dazugießen und erhitzen. Dabei ständig rühren, damit die Masse nicht anhängt. Wenn die Milch aufkocht, den Topf sofort vom Feuer nehmen und die ausgekratzte Vanille dazugeben. Noch einmal umrühren und den Topf zudecken, damit sich beim Erkalten keine Kruste bildet. Butter schmelzen und ein Tapsi mit der Hälfte davon einfetten (oder eine Springform bis zum oberen Rand mit Backpapier auslegen, damit die Flüssigkeit nicht herausfließt). Den Boden mit einem Blätterteig-Blatt belegen und die Grießmasse darauf verteilen. Mit einem weiteren Blätterteig-Blatt bedecken. In diesen Deckel mit dem Messer Rhomben ritzen. Mit der restlichen Butter bestreichen und etwas Wasser darauf spritzen, damit sich keine Blasen bilden. Den Kuchen bei mittlerer Hitze 1 Stunde im Ofen backen. Herausnehmen und erkalten lassen.
Für den Sirup in einem Topf den Zucker in Wasser auflösen und 10 Minuten kochen. Sobald die Flüssigkeit Fäden zieht, ist der Sirup fertig. Zitronensaft dazugeben und über den abgekühlten Kuchen gießen. Den Kuchen erneut in den heißen Ofen stellen, bis der Zucker karamelisiert ist.

Käthi hat es nicht so gerne, wenn ich in ihre Küche komme, um in die Töpfe zu schauen. Da schickt sie mich lieber zu ihrem Mann, dem Theologieprofessor: „Hat Dir Georgios das Neueste vom Heiligen Berg erzählt?" Oder noch raffinierter, sie kocht, wenn ich gar nicht da bin. – Diesmal hatte ich sie erwischt. Sie rührte in einer Schüssel. „Hm", sagte ich, „das ist so gelb, daß man hineinbeißen möchte. Was gibt das?" „Galaktobureko. Aber das ist nicht für heute, sondern für morgen. Heute ist Mittwoch." Da fiel es mir wieder ein. Mittwoch und Freitag sind die wöchentlichen Fasttage, an denen keine Proteine wie Ei und Milch gegessen werden dürfen bei frommen orthodoxen Christen. „Aber Du könntest probieren, ob es süß genug ist", sagte Käthi. Ich habe probiert. Hmmm. Probieren Sie selbst. Am Tag darauf habe ich zwei Portionen gegessen.

Kalter Milchreis

1 Tasse Rundkornreis
1 Liter Milch
1 Tasse Zucker
2 EL Kartoffelmehl
2 Eigelb
1 Vanilleschote
1 EL Zimt

Rizogalo

Den Reis in 2 Tassen Wasser aufsetzen und zum Kochen bringen. Die Milch hinzufügen und unter ständigem Rühren gut vermischen. Sobald der Reis beginnt weich zu werden, den Zucker und das in Wasser aufgelöste Kartoffelmehl dazugeben. Die Eigelbe mit dem Mark der Vanilleschote verrühren und zu dem Reis geben. Wenn der Reisbrei cremig wird, gut durchrühren und sofort vom Herd nehmen (er sollte noch eher dünnflüssig sein, da er beim Erkalten fest wird). In eine Schüssel füllen und kühl stellen. Vor dem Servieren mit Zimt bestreuen.

Wir hatten in einem Restaurant am Meer gegessen, Roula, Georgios und ich. Jetzt ging es um die Süßspeise. Ich studierte die Speisekarte und stieß auf einen eigenartigen Namen: „rizogalo". Ich hatte irgendwie die Vorstellung, es müßte mit einem Hahn zu tun haben und mit Reisig. Weiß der Himmel aus welcher Assoziation heraus. An etwas Süßes dachte ich nicht.

„Sag mal, Roula, was ist eigentlich Rizogalo?" Ehe Roula antworten konnte, antwortete Georgios. „Weißt Du, „rizo". Du kennst doch diese weiße Speise, die die Chinesen essen, wächst im Wasser und ist sehr gesund, ich mag's nur im Rizogalo." „Meinst Du Reis?" „Ja, ja, genau. Reis. Und „galo", das kommt von „gala", Milch." Und Georgios nützte die Gelegenheit, mir wieder einmal die richtige Aussprache des griechischen Gamma klarzumachen. Der Kellner kam indessen. Georgios bestellte drei Portionen Rizogalo. Und dann kam es, dieses Reismilchgericht. Weiß und kühl, nach Zimt und Vanille duftend, eine Köstlichkeit.

Zimtpita mit Rosinen

1 Tasse Olivenöl
400 g Zucker
1 Tasse Orangensaft
1 Tasse Cognac
1 EL Zimt
1–1 1/2 TL Nelkenpulver
Saft von 1 Zitrone
1 EL Natron
650 g Mehl
250 g Rosinen
etwas Mehl für die Rosinen und zum Bestreuen
Fett für die Form

Kanelopita me stafides

Öl und Zucker in einer Schüssel so lange rühren, bis der Zucker aufgelöst ist und das Öl eine weiße Farbe angenommen hat. Den Orangensaft dazugeben, sofort anschließend den Cognac, Zimt, Nelkenpulver und Zitronensaft. Alles einige Minuten lang sehr gut verrühren. Das mit Natron vermischte Mehl vorsichtig und langsam dazugegeben. Der Teig muß zum Schluß eine homogene Masse bilden.

Die Rosinen waschen, trockentupfen, mit 1 Eßlöffel Mehl mischen, damit sie sich mit dem Teig verbinden, und in den Teig geben.

Ein Tapsi einfetten (oder eine Springform, die mit Backpapier bis zum oberen Rand ausgelegt wurde, damit während des Backens keine Flüssigkeit austreten kann) und mit Mehl bestreuen. Den Teig in dem Tapsi oder der Springform gleichmäßig verteilen und im vorgeheizten Ofen bei mittlerer Hitze 45 Minuten backen.

Ob in Nordafrika oder Spanien, in Südfrankreich oder auf Sizilien, in Ägypten oder Kleinasien, überall gab es in den Jahrhunderten vor Christus griechische Gründungen, griechische Kolonien. Aber nicht nur am Mittelmeer, auch durch den Bosporus waren griechische Kolonisten gefahren und hatten sich am Schwarzen Meer niedergelassen. So auch in Pontos. Die griechischen Kolonisten nahmen natürlich die griechische Sprache und griechische Kultur mit in die neue Heimat. Aber sie verschlossen sich auch nicht den Anregungen, die aus der Begegnung mit dem Fremden entsprangen. So entstanden auch in der Küche Variationen des Althergebrachten. Unser Rezept spricht von den fremden Einflüssen.

Dieser Kuchen ist eine Delikatesse. Und er hat auch noch den Vorteil, daß er sich lange frisch hält.

Die Rezepte nach Gruppen

Soweit in den Rezepten nichts anderes vermerkt ist, sind die Zutaten für vier Personen berechnet.

Süßes

Die Rezepte alphabetisch

Soweit in den Rezepten nicht anderes vermerkt ist, sind die Zutaten für vier Personen berechnet.

Quellen
Impressum

Bildnachweis
Bilderberg: Klaus D. Francke 2, 6, 10, 13, 18/19, 25 26, 27, 29, 31, 32/33, 34, 35, 38, 42 44/45, 46, 49, 53, 55, 56, 57, 58, 59, 60, 61, 62, 66, 76, 84, 86, 102, 156, 166, 172, 176; Wolfgang Kunz 11, 12, 20, 22, 41, 48, 80, 114, 182
Werner O. Feißt: 7, 16, 17, 30, 39, 43
Kreative Kartografie Mohrbach, München: 4/5
Sigloch Bildarchiv: Hans Joachim Döbbelin 64/65, 98/99, 116/117, 138/139, 174/175 und alle ungeraden Seitenzahlen 67–185
Visum: John Hios (Apeiron) 14/15, 36; Jörg Modrow 50/51, 52
Tim Rautert 21, 59; Dirk Reinartz 9

Literatur
Patroparadotes Ellenikes Sintages
Verlag Phytrakis o.J.

Käthi Mantzaridou
Was vor dem Festessen so gut schmeckt. Rezepte aus Griechenland für die Fastenzeit. Deutsch von Werner O. Feißt
Edition Sunnewirbeli 1987

Redaktionelle Bearbeitung: Dr. Ute Drechsler-Dietz

Reproduktion: Otterbach Repro, Rastatt
Satz: Sigloch Edition, Künzelsau
Druck: Druckerei Kohlhammer, Stuttgart
Papier: 135 g/m² BVS-Plus glänzend chlorfrei der Papierfabrik Scheufelen, Lenningen
Bindearbeiten: Sigloch Buchbinderei, Künzelsau
ISBN 3-89393-126-0

Reihenweise Kulinarische Köstlichkeiten

In gleicher Ausstattung sind weitere Titel lieferbar.